www.ingramcontent.com/pod-product-compliance
Lightning Source LLC
Chambersburg PA
CBHW080532180726
48002CB00023B/2919

ספר
עץ חיים
לרבינו
חיים ויט׳אל ז״ל
שקיבל ממרן האר״י זלה״ה
שער מטי ולא מטי
שער ז׳ פרק ד׳
דל״ג ע״א – דל״ג ע״ג
תש״פ
SimchatChaim.com

בהוצאת
שׂמחת חיים

בס"ד

הקדמה

ירפא **ה**מאציל **ו**יושיע **ה**בורא את כל חולי בני ישראל, וישלח להם רפואה שלימה, רפואת הנפש ורפואת הגוף, בכל אבריהם ובכל גידיהם לעבודתו יתברך.

בי"ב במנחם אב תשס"ה, הובהלתי לבית החולים, הרופאים לא נתנו לי סיכוי לחיות מכמה שעות בגלל מספר תסבוכות. עם כל זאת בזכות התפילות של בני ישראל הקדושים, ברחמיו הרבים, ריחם עלי הקדוש ברוך הוא, ונשארתי בחיים.

עם כל זאת, הובחנה אצלי מחלה קשה בכליות, ונאמר לי שהצטרך למכונת דיאליזה. בשבילי זה היה שוק!!! אף פעם לא הייתי אצל רופא, או בבית חולים. כך בעל כרחי התחברתי למכונת דיאליזה, ומכונה זאת הייתה[1] קשורה בי ככלב במשך שמונים חודשים בדיוק, כמניין **יסוד**, במשך 10-12 שעות ביום.

בשבת פרשת **ויחי יעקב** י"ב טבת תשע"ב, בזכות בני ישראל, שכולם אהובים כולם ברורים כולם גיבורים כולם קדושים... וכולם פותחים את פיהם באהבה שלוש פעמים ביום, ואומרים - **ברוך אתה... רופא חולי עמו ישראל**, וכללותם כל האברכים, תלמידי הישיבות, רבנים וחכמים, חסידים, מקובלים עם תינוקות של בית רבן, זקנים עם נערים, בחורים וגם בתולות, בארץ הקודש ובעולם. ומצד שני בנות ישראל היקרות מפז, שהתפללו וקבלו עליהם כל מיני קבלות, מהפרשת חלה עד צניעות וכיסוי הראש, עם הרבנים, המנהלים, המורים, המורות **והתלמידות של בית יעקב דטורונטו** שכל יום התפללו, וכללו בתפילתם שבקעה את כל הרקיעים אותי, ונושעתי אני הקטן. הושתלה בי כליה. והתנתקתי ממכונת הדיאליזה.

אמר המלך דוד - לולי[2] תורתך שעשעי אז אבדתי בעניי. מה שנתן לי חיות היא התורה הקדושה, בשעות הרבות שהיתי מחובר למכונת הדיאליזה)כ12 שעות ביום(, ערכתי סדרתי וכתבתי במחשב את קונטרסים שלמדתי במשך שנים. וקונטרסים אלו הפכו לחיבור, ואחרי התלבטויות ובקשות מבני גילי, החלטתי בעזרתו יתברך להדפיס קונטרסים אלו.

ידוע הוא כי כל דברי האר"י זלל"ה ותלמידיו נאמן ביתו, רבינו חיים ויטאל הם סתומים וחתומים באלפי שרשראות ומנעולים, והרב ז"ל גלה טפה וכיסה אלפים אמה, וכלל דבריהם הוא משלים, עם כל זאת העוסק במשל פועל בעלמות העליונים בנמשל. לכן צריך זהירות גדולה לא להגשים את המשלים, בסוד המבואר בספר הזוהר הקדוש - **ועלייהו אתמר** ועליהם נאמר - **ארור האיש אשר יעשה פסל ומסכה וגומר, ושם בסתר, מאי בסתר** מהו בסתר - **בסתרו דעלמא** בסתר העולם. **ובגין דא אמר קודשא בריך הוא לא תעשון אתי** ומפני זה אמר הקדוש ברוך הוא לא תעשון אתי **אלה"י כסף ואלה"י זהב, והכי אוקמוה חבריא לא תעשון אתי כדמות שמשי שמשמשין אותי** וכך העמידוהו החברים לא תעשון אתי כדמות שמשי שמשמשים אותי **במרום, לצייירא בסתר דילי שום ציור או דמיון** לצייר בסתר שלי שום ציור או דמיון, **דכל מאן דצייר לעיל לקודשא בריך הוא** שכל מי שמצייר למעלה לקדוש ברוך הוא, **בסתר**)**דאיהי שכינתיה**, כלילא מעשר

גמרא סוטה ד"ג ע"ב - גמרא סוטה ד"ג ע"ב – רבי אלעזר אומר, **קשורה בו ככלב**, שנאמר - ולא שמע אליה לשכב אצלה להיות. עמה לשכב אצלה בעולם הזה. להיות עמה לעולם הבא.

תהלים קי"ט צ"ב

ספיראן שהיא שכינתו, כלולה מעשר ספירות(, **שום ציור, וצלם, ודמות, כגוונא דמצייריין בשמשין דיליה** שמצייירים בשמשים שלו, **נשמתיה אתלבשא בההוא צלמא** נשמתו מתלבשת באותו צלם....

וכן הוא בסוף ענף ד' דשער א' בספר עץ חיים שער ההקדמות, וז"ל הטהור - ואמנם דבר גלוי הוא כי אין למעלה גוף ולא כח גוף חלילה. וכל הדמיונות והציורים אלו לא לא מפני שהם כך חס ושלום. אמנם **לשכך את הארזן** לכשיוכל האדם להבין הדברים העליונים, הרוחניים, בלתי נתפסים, ונרשמים בשכל האנושי. לכן ניתן רשות לדבר בבחינת ציורים ודמיונים, כאשר הוא פשוט בכל ספרי הזוהר. וגם בפסוקי התורה עצמה כולם כאחד עונים ואומרים בדבר הזה, כמו שאמר הכתוב עיני הוי"ה המה משוטטים בכל הארץ. עיני הוי"ה אל צדיקים. וישמע הוי"ה. וירח הוי"ה. וידבר הוי"ה. וכאלה רבות. וגדולה מכולם מה שאמר הכתוב - ויברא אלהי"ם את האדם בצלמו בצלם אלהי"ם ברא אותו זכר ונקבה וגו'. **ואם התורה עצמה דברה כך** גם אנחנו נוכל לדבר כלשון הזה, עם היות שפשוטו הוא שאין שם למעלה אלא אורות דקים בתכלית הרוחניות, בלתי נתפסים שם כלל, וכמו שאמר הכתוב - כי לא ראיתם כל תמונה, וכאלה רבות. ואמנם יש עוד דרך אחרת כדי להמשיך ולצייר בה הדברים העליונים, והם בחינת כתיבת צורת אותיות, כי כל אות ואות מורה על אור פרטי עליון, וגם תמונת זו דבר פשוט הוא כי אין למעלה לא אות ולא נקודה, **וגם זה דרך משל וציור לשכך את הארזן** כנזכר......

ולכן כל המבואר כאן בחיבור זה הוא כדי **לשכך את הארזן**. והתרשימים שבסוף החיבור הם כדי **לשבר את העין**, לכן אין שום ביאור והסבר שלם, ואין שום תרשים שלם בתכלית השלמות.

ידוע כי[3] דברי תורה עניים במקומן ועשירים במקום אחר, **ועל אחת כמה וכמה** בדברי הרב ז"ל, שכל סוגיה חסרה[4] במקומה, וחלקיה מפוזרים במקומות אחרים. **זאת ועוד** הרב ז"ל מערבב בדרוש אחד כמה וכמה סוגיות, כאשר בפשטות דבריו נראה שכל הדרוש הוא דרוש אחד, ולא מחולק לסוגיות שונות, ושמועות שונות, **ביאור** דברי הרב ז"ל כאן הם **בעומק, והוא בעצם ליקוט** עד איפה שידי הקצרה הגיעה, מכל חלקי ספר עץ חיים, ושמונה השערים המצוינים לרב ז"ל, מבוא שערים ושאר ספרי הרב ז"ל, והוא גם על פי הקדמת רחובות הנהר למרן הרש"ש, דרושי פנימיות וחיצוניות, דרוש הדעת, סוגיות ערכין, סוגיות דכללות והתכללות, פרטות וכללות, וסוגיות עובי ואורך, ועל פי ביאור גדולי רבותינו חכמי המקובלים לדורותם זלה"ה זי"ע.

ידוע כי[5] אין בר בלי תבן, כך אין ספר בלי טעויות, ועוד יודע אני כי דל ועני אני, **ואין**[6] **עני אלא בדעה**. לכן מבקש אני בכל לשון של בקשה אם יש לכל אחד שאלות, הערות, הארות, תיקונים, נא לשלוח ל -
book@simchatchaim.com והשתדל לענות, ולתקן את הצריך תיקון.

בברכה והצלחה בלימוד התורה הקדושה

ובעיקר בפנימיות התורה, תורת האר"י הח"י.

ורפואה שלימה לכל חולי ישראל.

אח"י

---

[3]

גמרא ירושלמי, ראש השנה פ"ג הלכה ה' די"ז ע"א – דברי תורה עניים במקומן, ועשירים במקום אחר.

[4]

תורת חכם דע"ב ע"ב – חסר לשון הוא, כמו שיראה המעיין.

[5]

גמרא ברכות נ"ה א' - מה לתבן את הבר נאם ה', וכי מה ענין בר ותבן אצל חלום, אלא אמר ר' יוחנן משום ר' שמעון בן יוחאי ,כשם שאי אפשר לבר בלא תבן, כך אי אפשר לחלום בלא דברים בטלים.

[6]

גמרא נדרים מ"א ע"א – אין עני אלא בדעה .

הקדמה קצרה לחיוב לימוד תורת הקבלה

ישמחו ה**ש**מים ו**ת**גל ה**א**רץ ירעם הים ומלאו. שזכינו בדור שלנו שפנימיות התורה, שהיא היא תורת הקבלה, מתפשטת לכל, וכל מקום בעולם היום לומדים בתורת הח"ן. הדור שלנו יש הרבה התעוררות ללמוד סתרי התורה הקדושה, הנקראת חכמת הקבלה. בירושלים של המאה ה-18 בישיבת **בית אל** היו בקושי מנין של מקובלים, והיום תורת הקבלה מופצת בכל מקום בארץ ובעולם. לעניות דעתי דעתי אחת הסיבות העיקריות לשינוי זה הוא רצונם של בני התורה, החוזרים בתשובה ועמך לדעת את סוד החיים, למה ברא הקדוש ברוך הוא את העולם, ואת טעמי המצות, ר"ל אי אפשר היום בדור שלנו, להסביר על פי הפשט את הסיבה מדוע אסור לאכול בשר וחלב, מדוע צריך להניח תפילין, למה לשמור דווקא שבת ולא יום שלישי, אי אפשר להגיד כל הזמן **זאת גזרת הכתוב, כך רוצה הקדוש ברוך הוא**, האנשים מחפשים הסברים למצות, לסיפורי התנ"ך, לגלגולי נשמות, ועוד. ורק על ידי עסק בפנימיות התורה, אדם מסיג את ההסברים לקושיות שיש לו. **זאת ועוד** חיים אנחנו בדור של חומריות, והאנשים מחפשים את רוחניות שבחיים, אז מה עושים, נוסעים למזרח, להודו, סין, תאילנד למצוא רוחניות, ולא יודעים **ששורש כל הרוחניות בעולם נמצאת בתורה הקדושה**, עם כל זאת כאשר הלומד את פשט התורה, **הוא לא מכיר** את הקדוש ברוך הוא, והוא בלי יראת שמים ושמחה אמתית. כותב הרב המקובל האלוה"י רבינו יהודה פתייה בפרושו הנפלא על עץ חיים - כי לימוד עץ חיים הוא עמוק מאד מאד, כי הוא **מים שאין להם סוף**, והוא קשה מאד גם לחכמים ההוגים בו תמיד, וכל שכן למתחילים. כי הוא חזק מצור, וקשה מברזל, שאי אפשר לחצוב ממנו מאומה, אם לא על ידי כלי מחצב חזקים כציפורן שמיר. וכל המתחיל בלימוד עץ חיים, אם לא יהיה לו רב, או לפחות איזה מפרש המפרש לו כוונת הפרק ההוא לפי פשוטו, נבול יבול, ואינו יכול לעמוד על הפרק כי אם לאחר יגיעה רבה, ושקידה עצומה, וכולי האי ואולי. כי הרבה פעמים יסבור המעיין שהבין הענין ההוא כראוי, ואחר שילמוד עוד איזה פרקים אחרים, ירגיש כעצמו שלא הבין את בין פרקים הקודמים, והניסיון יעיד על זה, עד כאן דברי קודשו. עם כל זאת חייב כל אדם לעסוק בתורת ה**ח**יים.

צדיק אתה הוי"ה וישר משפטיך. כתב הרב רבינו חיים ויטאל ז"ל בהקדמה לשער ההקדמות - והנה מה שכתב בתחילת דבריו, ואפילו כל אינון דמשתדלי באורייתא כל חסד דעבדי לגרמייהו וכו', עם היות שפשטו מבואר ובפרט בזמנינו זה, בעונותינו היום אשר התורה נעשית קרדום לחתוך בה אצל קצת בעלי תורה, אשר עסקם בתורה על מנת לקבל פרס, והספקות יתירות, וגם להיותם מכלל ראשי ישיבות, ודיני סנהדראות, להיות שמם וריחם נודף בכל הארץ, **ודומים במעשיהם לאנשי דור הפלגה הבונים מגדל וראשו בשמים**, ועיקר סיבת מעשיהם היא מה שאמר אחר כך הכתוב - **ונעשה לנו שם**... והנה על הכת הזאת אמרו בגמרא כל העוסק בתורה שלא לשמה, נוח לו שנהפכה שליתו על פניו, ולא יצא לאויר העולם. ואמנם האנשים האלה מראים תימה וענוה באמרם כי כל עסקם בתורה הוא לשמה. והנה החכם הגדול התנא רבי מאיר ע"ה העיד עליהם שלא כך הוא, באומרו לשון כללות - כל העוסק בתורה לשמה זוכה לדברים הרבה וכו', **ומגלים לו רזי תורה, ונעשה כנהר שאינו פוסק**, והולך

וכמעיין המתגבר מאליו, בלתי הצטרכו לטרוח ולעיין בה, ולהוציא טיפין טיפין של מימי התורה מן הסלע, הנה זה יורה שאינו עוסק בתורה לשמה כהלכתה, ומי זה האיש אשר לא יזלו עיניו דמעות בראותו המשנה הזאת, **ורואה חסרונו ופחיתותו**, עד כאן לשונו. לכן כל אחד צריך לטעום מעץ החיים.

חצות לילה אקום להודות לך על משפטי צדקך. כתב רבינו אליהו מני זצ"ל רבו של הרי"ח הטוב, בספרו הקדוש כסא אליהו שער ד' וז"ל - ואם זיכך הוי"ה ללמוד בחכמת האמת, הנה עצה היעוצה היא שכל סדר הלימוד בנגלה תתנהג בו ביום דווקא. **אבל בלילה תלמוד בחכמת האמת, והעיקר הלימוד אחר חצות**, כי זה הלימוד צריך ישוב דעת הרבה, וכשיקוץ האדם אז דעתו מיושבת עליו יותר. גם גה הלימוד צריך הסתר והצנע, **וכל דבר שיהיה בלילה ובפרט אחר חצות יהיה נסתר יותר מן היום**. ותעשה ועד עם החברים בבית המדרש אם הוא צנוע, **או בביתך ותלמדו בכל לילה**, עד כאן לשונו. ויישב האדם ללמוד בלילה תחת עץ החיים.

קראתי בכל לב ענני הוי"ה חקיף אצרה. בהקדמה[7] לשער ההקדמות מבאר הרב ז"ל - ואמנם אל יאמר אדם אלכה לי ואעסוק בחכמת הקבלה, מקודם שיעסוק בתורה במשנה ובתלמוד, כי כבר אמרו רבינו ז"ל - אל יכנס אדם לפרדס **אלא אם כן מלא כריסו בבשר ויין**, והרי זה דומה לנשמה בלתי גוף, שאין לה שכר ומעשה וחשבון, עד היותה מתקשרת בתוך הגוף, בהיותו שלם מתוקן במצות התורה בתרי"ג מצות. **וכן בהפך** בהיותו עוסק בחכמת המשנה והתלמוד בבלי, ולא ייתן חלק גם אל סודות התורה וסתריה, כי **הרי זה דומה לגוף היושב בחושך**, בלתי נשמת אדם נר הוי"ה המאירה בתוכה, **באופן שהגוף יבש בלתי שואף ממקור חיים**, אשר זהו ענין אומרו במקום אחר ההוא הנזכר לעיל וז"ל - דאילין אינון דעבדי לאורייתא יבשה, ולא בעאן לאשתדלא בחכמת הקבלה וכו'. באופן כי התלמידי חכמים העוסקים בתורה לשמה, ולא לשמו, לעשות לו שם. צריך שיעסוק בתחילה בחכמת המקרא, והמשנה, והתלמוד, כפי מה שיוכל שכלו לסבול. ואחר כך יעסוק לדעת את קונו בחכמת האמת, וכמו שציוה דוד המלך ע"ה את שלמה בנו - דע את אלה"י אביך ועבדהו. ואם האיש הזה יהיה כבד וקשה בענין העיון בתלמוד, מוטב לו שיניח את ידו ממנו, אחר שבחן מזלו בחכמה זאת, ויעסוק בחכמת האמת. וזה שמבואר כל תלמיד חכם שאינו רואה סימן יפה בתלמוד בחמשה שנים, שוב אינו רואה, עד כאן דברי קודשו. ומזה כל אחד ואחד חייב להדבק במקור החיים.

חסדך הוי"ה מלאה הארץ חקיף למדני. בשער הגלגולים, בקדמה ט"ז כתב הרב ז"ל - עוד צריך שתדע, כי האדם צריך לקיים כל התרי"ג מצות, במעשה, ובדבור, ובמחשבה. וכמו שאמרו ז"ל על פסוק - זאת התורה לעולה ולמנחה וכו', כל העוסק בפרשת עולה, כאלו הקריב עולה וכו'. וכוונו בזה שהאדם מחוייב לקיים כל התרי"ג מצות בדבור, וכן על דרך זה במחשבה. ואם לא קיים כל התרי"ג בשלשה בחינות הנזכרות, מחוייב להתגלגל עד שישלים אותם. **עוד דע**, כי האדם מחויב לעסוק בתורה בארבעה מדרגות, **שסימנם פרד"ס**, והם, פשט, רמז, דרוש, סוד וצריך שיתגלגל עד שישלים אותם. ובהקדמה י"ז כותב הרב ז"ל - שהאדם **מחוייב לעסוק בתורה בארבעה מדרגות שבה**, והיא זאת, דע, כי כללות כל הנשמות

___

ע"ח ד"א ע"ד.

הם שישים רבוא ולא יותר. והנה התורה היא שרש נשמות ישראל, כי ממנה חוצבו, ובה
נשרשו. ולכן יש בתורה שישים רבוא פירושים, וכלם כפי הפשט. ושישים רבוא ברמז. ושישים
רבוא בדרש. **ושישים רבוא בסוד.** ונמצא, כי מכל פירוש מן השישים רבוא פרושים, ממנו
נתהווה נשמה אחת של ישראל, ולעתיד לבא כל אחד ואחד מישראל, ישיג לדעת כל התורה
כפי אותו הפירוש המכוון עם שרש נשמתו, אשר על ידי הפירוש ההוא נברא ונתהווה כנזכר.
וכן בגן עדן אחר פטירת האדם, ישיג כל זה. וכן בכל לילה כאשר האדם ישן, ומפקיד נשמתו
ויוצאה ועולה למעלה, הנה מי שזוכה לעלות למעלה, מלמדים לו שם אותו הפירוש, שבו תלוי
שרש נשמתו. ואמנם הכל כפי מעשיו ביום ההוא, כך באותה הלילה ילמדוהו, פסוק אחד, או
פרשה פלונית, כי אז מאיר בו יותר פסוק ההוא משאר הימים. ובלילה האחרת יאיר בנשמתו
פסוק אחר, כפי מעשיו של אותו היום, וכולם על דרך הפירוש ההוא אשר תלויה בו שרש
נשמתו כנזכר, עד כאן דברי קודשו. ור"ל שכל יהודי ויהודי חייב להשיג את שורש נשמתו,
וללמוד את סוד **החיים**.

יבאוני רחמיך ואחיה כי תורתך שעשעי. מבואר במדרש משלי - אמר רבי ישמעאל, בוא וראה
כמה קשה יום הדין שעתיד הקדוש ברוך הוא לדון את כל העולם כולו בעמק יהושפט. בזמן
שתלמידי חכמים באים לפניו, אומר לכל אחד מהם - כלום עסקת בתורה, אמר לו הן, אומר לו
הקדוש ברוך הוא הואיל והודית, אמור לפני מה שקרית, ומה ששנית בישיבה, ומה ששמעת
בישיבה. מכאן אמרו - כל מה שקרא אדם יהא תפוש בידו, ומה ששנה כמו כן, שלא תשיגהו
בושה ליום הדין. מכאן היה רבי ישמעאל אומר - אוי הלה לאותה בושה, אוי לה לאותה
כלימה, ועל זה ביקש דוד מלך ישראל בתפילה ובתחנונים לפני המקום ואמר - הוי"ה בוקר
תשמע קולי בוקר אערך לך ואצפה. בא לפניו מי שיש בידו מקרא ואין בידו משנה, הקדוש
ברוך הוא הופך את פניו ממנו, ושרי גיהנם מתגברים בו כזאבי ערב, ונוטלין אותו ומשליכין
אותו לתוכה. בא לפניו מי שיש בידו שני סדרים או שלושה, אז הקדוש ברוך הוא אומר לו -
בני, כל ההלכות למה לא שנית אותם, ואם אומר הקדוש ברוך הוא הניחוהו, מוטב, ואם לאו
עושין לו כמידת הראשון. בא לפניו מי שיש בידו הלכות, הקדוש ברוך הוא אומר לו - בני,
תורת כהנים למה לא שנית, שיש בה טומאה וטהרה, וטומאת שרצים וטהרת שרצים, טומאת
נגעים וטהרת נגעים, טומאת נתקים ובתים וטהרת נתקים ובתים, טומאת זבים ולידה וטהרת
זבים ולידה, טומאת מצורע וטהרתו, סדר ווידוי יום הכיפורים, וגזירות שוות, ודיני ערכים,
וכל דין שדנו ישראל לא דנו אלא מתוכו. בא לפניו מי שיש בידו תורת כהנים, אומר לו הקדוש
ברוך הוא - בני, חמישה חומשי תורה למה לא שנית, שיש בהם קריאת שמע, ותפילין, ומזוזה.
בא לפניו מי שיש בידו חמישה חומשי תורה, אומר לו - בני, למה לא למדת הגדה, ולא שנית,
שבשעה שחכם יושב ודורש, אני מוחל ומכפר עוונותיהם של ישראל, ולא עוד אלא בשעה
שעונין אמן יהא שמיה רבה מברך, אפילו נחתם גזר דינם אני מוחל ומכפר להם עוונותיהם. בא
לפניו מי שיש בידו הגדה, אומר לו הקדוש ברוך הוא - בני, תלמוד למה לא שנית, שנאמר -
כל הנחלים הולכים אל הים והים איננו מלא, זה התלמוד, שיש בו חכמות הרבה. בא מי שיש
בידו תלמוד, הקדוש ברוך הוא אומר לו - בני, הואיל ונתעסקת בתלמוד, **צפית במרכבה,
צפית בגאוה,** שאין הנייה בעולמי, אלא בשעה שתלמידי חכמים יושבים ועוסקים בתורה,
מציצין ומביטין ורואין והוגין המון התלמוד הזה - **כסא כבודי היאך הוא עומד. רגל
הראשונה במה היא משמשת, שנייה במה היא משמשת, שלישית במה היא משמשת,
רביעית במה היא משמשת, חשמל היאך הוא עומד, ובכמה פנים הוא מתהפך בשעה**

אחת, לאי זה רוח הוא משמש, הברק היאך הוא עומד, כמה פנים של זוהר נראין בין כתפיו, לאיזה רוח משמש, כרוב היאך הוא עומד, לאי זה רוח הוא משמש. גדולה מכולם עיון כיסא הכבוד, היאך הוא עומד, עגול הוא כמין מלבן, ומתוקן הוא, כמה גשרים יש בו, כמה הפסק בין גשר לגשר, וכשאני עובר באיזה גשר אני עובר, ובאי זה גשר האופנים עוברים, ובאיזה גשר הגלגלים עוברים. גדולה מכולם מצפורני ועד קודקודי, היאך אני עומד, כמה שיעור בפיסת ידי, וכמה שיעור אצבעות רגלי. גדולה מכולם כיסא כבודי, היאך הוא עומד, לאיזה רוח הוא משמש, באחד בשבת לאיזה רוח הוא משמש, בשני בשבת לאיזה רוח הוא משמש, בשלישי בשבת לאיזה רוח הוא משמש, ברביעי בשבת, בחמישי בשבת, בששי בשבת לאיזה רוח משמשין, וכי לא זהו הדרי, זהו גדולתי, זהו הדר יופי, שבניי מכירין את כבודי במידה הזאת. ועליו אמר דוד - מה רבו מעשיך הוי"ה, כולם בחכמה עשית, מלאה הארץ קנינך. עד כאן לשון המדרש. ממדרש זה לומדים על חובת כל אחד ואחד מישראל את לימוד כל חלקי הפרד"ס, ובעיקר את בחינת הסוד שבתורה, הנקרא[8] מעשה מרכבה, ובמעשה בראשית. ומבאר הרב בית לחם יהודה על השינוי שיש בפסוקים במעמד הר סיני, בפסוק אחד כתוב - ויחן שם **ישראל** תחת ההר. ומספר פסוקים יותר מאוחר כתוב וירא **העם** וינועו מרחק. וידוע כי כאשר כתוב בתורה **ישראל**, מדובר **בבני ישראל**, וכאשר כתוב **העם**, מדובר על **הערב רב**. וז"ל הרב בית לחם יהודה - ובזוהר בהעלותך דף קנ"ב ע"א קרי להעוסקים בחכמת האמת, אינון דהוי קיימי בטורא דסיני. וז"ל - חכימין עבדי דמלכא עלאה אינון דקיימו בטורא דסיני, לא מסתכלי אלא בנשמתא, דאיהי עיקרא דכלא אורייתא ממש וכו'. ונראה בעיני אם מותר, משמע אותן שאינם יודעים סודות התורה לא עמדו על הר סיני, עד כאן לשונו. ונראה לי בביאור כוונתו כי בתחלה כשיצאו ישראל לקראת האלהי"ם, היו מתייצבים בתחתית ההר, ואחר כך נאמר וירא העם וינועו ויעמדו מרחוק, כי היו יראים פן תאכלם האש הגדולה הזאת וימיתו. והיה מקצת מהעם שהיו ששים ושמחים לקראת השכינה, ולא רצו לזוז ממקומם הראשון, ולעמוד מרחוק, אפילו אם ימיתו ממש. ועליהם הוא מה שכתב בזוהר הנזכר - אינון דקיימו בטורא דסיני, כלומר ולא נעו ועמדו מרחוק, אלא עמדו בטורא דסיני מתחלה ועד סוף, ולכן הם זוכים לחכמת האמת. ואותם הנשמות אשר נעו עם העם ועמדו מרחוק, כן הם עושים גם עתה, שנסים ועומדים מרחוק לחכמת האמת מיראתם, פן תאכלם האש הגדולה הזאת. ולכן על כל אחד ואחד מבני ישראל הקדושים מחויב לעמוד תחת עץ החיים.

יראיך יראוני וישמחו כי לדברך יחלתי. בספר הזוהר הקדוש מבואר מדוע התפילות של בני ישראל לא נענות, וז"ל תיקוני הזוהר תיקון מ"ג - **בראשית תמן את"ר יב"ש** במלת בראשית יש אותיות את"ר יב"ש, **ודא איהו ונהר יחרב ויבש** היסוד הנקרא נהר יחרב ויבש ממי השפע, ואין לו מה להשפיע למלכות, **בההוא זמנא דאיהו יבש** באותו הזמן שהיסוד הוא יבש, **ואיהי יבשה** המלכות הנקראת יבשה, היא יבשה כי לא מקבלת שפע מהיסוד, אז כאשר **צווחין בניך לתתא** מתפללים וצועקים בני ישראל, **ביחודא ואמרין** וביחוד שאומרים בני ישראל **שמע ישראל** שיבא ז"א הנקרא ישראל להתיחד עם נוקבא בשעת התפילה דעמידה, עם כל זאת **ואין קול** של התפילה או הקריאת שמע שעוזרים לזיווג דזו"ן **ואין עונה** ואין מי שיענה וימלא את הבקשות בתפילתם. **הדא הוא דכתיב** וזהו שכתוב - **אז** בני ישראל יקראונני

בני ישראל בעת צרתם בקריאת שמע ובתפילה, **ולא אענה** ואני לא אענה אותם בתפלתם, מפני שלא לומדים ומתעסקים בפנימיות התורה. **והכי מאן דגרים דאסתלק** וכל מי שגורם הסלקות פנימיות תורת **הקבלה וחכמתא מאורייתא דבעל פה ומאורייתא דבכתב** מהתורה שבעל פה והתורה שבכתב, **וגרים דלא ישתדלון בהון** וגורמים גם לאחרים שלא יתעסקו וילמדו את חכמת הקבלה, **ואמרין דלא אית אלא פשט באורייתא ובתלמודא** ואומרים שאין בתורה ובתלמוד אלא פשט התורה, בלי פנימיות הסוד, **בודאי כאלו הוא יסלק נביעו מההוא נהר** בודאי נחשב לו כאילו הוא מסתלק את נביעת שפע החכמה והבינה מן היסוד, **ומההוא גן** ומן הנוקבא הנקראת גן, **ווי ליה** לאותו יהודי **טב ליה דלא אתברי בעלמא** טוב לו שלא היה נברא, **ולא יוליף ההיא אורייתא דבכתב ואורייתא דבעל פה** ולא היה לומד תורה שבכתב ותורה שבעל פה, כי דינו כעם הארץ שלא למד כלל, ועוד **דאתחשב ליה כאלו אחזר עלמא לתהו ובהו** שנחשב לו כאילו החזיר את העולם לתהו ובהו, ר"ל לסוד שבירת הכלים לפי שמגביר הקליפות כאשר הנהר והגן יבשים, **וגרים עניותא בעלמא ואורך גלותא** וגורם עניות בעולם ומאריך את הגלות השכינה וביאת המשיח. עד כאן דברי הזוהר הקדוש. וכותב רב חיים ויטאל זלה"ה בהקדמה וז"ל - אמנם שעשועות של הקדוש ברוך הוא בתורה, והיותו בורא בה את העולמו, היתה בהיותו עוסק בתורה בבחינת הנשמה הפנימית שבה, הנקרא - רזי תורה, הנקרא מעשה מרכבה, **היא חכמת הקבלה** כנודע אל היודעים, וטעם הדבר הוא להיותו עולם האצילות העליון מאד, טוב ולא רע, דלא יכיל להתערבא עמיה קליפה, ועליה אתמר - וכבודי לאחר לא אתן, כנזכר בספר התיקונין דף ס"ו תיקון י"ח, וכן בספר הזוהר בפרשת בראשית דף כ"ח ע"א עיין שם. ולכן גם התורה אשר שם [**אח"י** - בעולם האצילות] אינה רק מופשטת מכל לבושי הגופנים, מה שאין כן למטה בעולם היצירה, עולם דמטטרו"ן, הנקרא עבד טוב, והוא הנקרא עץ הדעת טוב מסטרא, ומסטרא דסמא"ל שהוא קליפין דיליה, **נקרא עבד רע,** כי התורה אשר שם, הם שית סדרי משנה **הנקראים שפחה** כנזכר בראשית שם דף כ"ז ע"א. ולכן נקראת משנה, לפי ששם יש שינויים הפוכים **טוב מסטרא דעבד טוב,** היתר, כשר, טהור. **רע מסטרא דעבד רע,** איסור, טמא, פסול. גם הוא מלשון כי מרדכי היהודי משנה למלך, שהיה שפחה הנקרא עבד מלך, מלך גם נקרא מלשון שינה, כנזכר בפרשת פינחס דף רמ"ד ע"ב - קם זמנא תנינא ואמר, מארי מתניתין נשמתין ורוחין ונפשין דילכון אתערו כען ואעברו שינתא מניכון דאיהו, ודאי משנה אורח פשט, דהאי עלמא ואנא לא אתערנא בכו, אלא ברזין עילאין דעלמא דאתי דאתון בהון, לא ינום ולא ישן. וזה יובן במה שמבואר יותר למעלה שם - **ורבנן דמתניתין ואמוראי, כל תלמודא דלהון על רזין דאורייתא סדרו ליה.** ונמצא כי המשנה והש"ס הם הנקרא גופי תורה. והנה דבריהם כחלום בלי פתרון, **ורזיה וסתריה הפנימים הנקרא נשמת התורה, הם הם פתרון החלום הנפתר בהקיץ,** בסוד - אני ישנה ולבי ער, וכמו[9] שאמרו חכמים ז"ל - **במחשכים הושיבני כמתי עולם, זה תלמוד בבלי,** אשר איננו מאיר אלא על ידי ספר הזוהר, **הם הם רזי תורה וסתריה** אשר עליהם נאמר - ותורה אור. ואין ספק כי כמו שהיצר נקראת עבד ושפחה בערך האצילות, ונקרא קליפין ולבושין דחול, כנזכר בהקדמת ספר התיקונין ד"ג ע"ב וז"ל - וביומי דחול לביש עשר כתות דמלאכיא דמשמשי לעשר ספירות דבריאה. ואם כן לתמוה כי התורה אשר שם שהיא המשנה, תהיה נקרא שפחה וקליפין דתורה דאצילות, וזה סוד כל הבשר חציר הנזכר

---

[9] סנהדרין דכ"ד ע"א.

לעיל במאמר הראשון, כי כמו שהחטה שהיא בגימטריא כמנין כ"ב אותיות התורה, הגנוזה תוך כמה קליפין ולבושין שהם הסובין והמורסן והתבן והקש והעשב, הנקרא חציר, כן המשנה אצל סודות התורה נקרא חציר, וזה נרמז בספר הזוהר פרשת כי תצא ברעיא מהמנא דף רע"ה ע"ב - **אצל רבנן ווי לאינון דאכלין תבן דאורייתא, ולא ידעי בסתרי אורייתא, אלא קלין וחמורין דאורייתא, קלין אינון תבן דאורייתא, וחמורין אינון חטה דאורייתא, ח"ט ה' אלנא דטוב ורע וכו'.** ואלו באתי להרחיב דרוש זה לא יספיקו מאה קונטרסין בלי ספק בלי שום גוזמא, האמנם החכם עיניו בראשו כי דברי אמת אני אומר, ואל יתמה האדם בראותו ספר הזוהר איך קורא אל המשנה שפחה וקליפין, כי עסק המשנה כפי פשטיה, **אין ספק שהם לבושין וקליפין חיצונים בתכלית אצל סודות התורה הנגנזים,** ונרמזים בפנימיותה כי כל פשטיה הם בעלם הזה בדברים חומרים תחתונים..... על כן על כל בני ישראל לאכול מעץ החיים.

מה אהבתי תורתך כל היום היא שיחתי. ומבאר הרב ז"ל בהקדמה לשער המצות, כי עסק לימוד פנימיות התורה הוא חלק בלתי נפרד מתלמוד תורה, וז"ל - גם בענין עסק התורה שהיא אחת מרמ"ח מצות עשה, אם לא השלים אותה, **שהוא ענין עסקו בפרד"ס התורה,** שהוא ראשי תיבות **פ**שט **ר**מז **ד**רש **ס**וד, בכל בחינה מהם כפי אשר יוכל להסיג, **עד מקום שידו מגעת,** לטרוח ולעשות לו רב שילמדנו. ואם לא עשה כן, הרי חסר מצוה אחת של תלמוד תורה, שהיא גדולה ושקולה ככל המצות, וצריך **להתגלגל** עד שיטרח הארבעה בחינות של פרד"ס כנזכר. וכן מבאר הרב בית לחם יהודה בהקדמתו הקדושה, וז"ל - ומה מאד נמלצו **[אח"י** - מלשון מליצה] בזה דברי הנביא ירמיה)סימן כ"ב(באומרו - אל תבכו למת וכו'. שהוא מדבר עם הציבור המתקבצים להספיד על איזה צדיק הנפטר רח"ל, על שנחסר צדיק אחד מהדור שהיה מנין בזכותו עליהם. וקאמר להו הנביא אל תבכו וכו', **לפי שרובם של צדיקים אינם זוכים לעסוק בכל ארבעה חלקי הפרד"ס, ואם כן מוכרחים הם לחזור ולבוא בגלגול כדי להשלים לימודם בארבעה חלקים,** כי אפילו הוא עסק בשלוש חלקי הפרד"ס, לא יצא ידי חובתו, ועליו נאמר הן כל אלה יפעל א"ל פעמים שלש עם גבר, להחזירו בגלגול. ואם כן הויא פסידא דהדרא. ואפשר שבו ביום שנפטר הוא חוזר ומתגלגל, כנזכר בזוהר ריש פרשת אמור, יעו"ש. ואם כן אין לכם פסידא כל כך. אמנם בכו בכו להלך, לאותו צדיק שכבר עסק בארבעה חלקי הפרד"ס. כי תיבת להלך היא חסר ו', ואם תחשוב תיבת להלך ארבעה פעמים עם ארבעה הכוללים, שהם כנגד ארבעה חלקי הפרד"ס, הם בגימטריא פרד"ס. **שזה הצדיק לא ישוב עוד וראה את ארץ מולדתו, כי על ארבעה לא אשיבנו.** שזהו פסידא דלא הדרא באמת, ונחסר לגמרי מן העולם הזה, עד כאן לשונו. ולכן חובה על כל אדם לעסוק בכל חלקי הפרד"ס, ובפרט בחלק הסוד, הנקרא פנימיות התורה, כמבואר בזוהר הקדוש כמובא בזוהר הקדוש פרשת נשא דף קכ"ד - **בהאי חבורא דילך דאיהו ספר הזוהר יפקון ביה מן גלותא ברחמי,** בזכות הלימוד בספר הזוהר הקדוש, יצאו בני ישראל מהגלות **ברחמים.** ועוד כל מי שחשקה נפשו ללמוד, אסור למנוע זאת ממנו, בסוד הפסוק[10] - אל תמנע טוב מבעליו, ועל כל אדם להיכנס לפרד"ס החיים.

משלי ג' כ"ז – אל תמנע טוב מבעליו בהיות לאל ידך לעשות.

אשרי האיש אשר לא הלך בעצת רשעים ובדרך חטאים לא עמד ובמושב לצים לא ישב. דע כי יהיו הרבה אנשים רשעים, שינסו למנוע מבני ישראל הקדושים ללמוד בכללות תורה, ובפרט את תורת הקבלה, מכל מיני סיבות ומניעות, והשטן מדבר מגרונם של אלו הרשעים. ואלו דברי קודשו של בעל מוסר שבט מוסר רבינו אליהו הכהן האתמרי זצלה"ה - ובהביטך בן אדם מה שעבר על אחרים למה תרדוף אתה אחר כל אלה הדברים הזרים, להשביע נפש מרורים ולמוסרה ביד צרים המה המקטרגים הצוררים, ולמה לא תחמול על נפשך ועל נועם תבנית צלם גופך למוסרו בידן ולהשליכו בתוך גחלי רתמים בטיט היון של גיהנם, להשחירו ולהתיכו כאשר ניתך הזפת בפני האש, אשר על כן תן עצה בנפשך **לברור בדרך החיים בעסק התורה והמצות,** וגם להצטער עצמך זמן קצוב הם חיי עולם הזה, כדי שתתענג זמן רב בלתי סוף ותכלית, ואל יעלה על דעתך כאשר עלה בדעת הרבה שנאבדו בידם כיון שמכיר אני בעצמי שאין בדעתי להבין ולהשכיל, איני עוסק בתורה, טועה הוא בדבר, שהרי הוא מחוייב לעשות מה שנצטוה לעשות, ואם יבין יבין, **שהרי והגית בו יומם ולילה כתיב** ולא כתיב ותבין בו, וכן תמצא בדברי התנא אם למדת תורה הרבה נותנין לך שכר הרבה, ואינו אומר אם הבנת הרבה, אלא למדת אמרו, ותשתדל להבין ואם תבין תבין, ואם לא שכר לימודך בידך, וכמאמר התנא לפום צערא אגרא, ומה גם שאמרו האדם איני לומד מפני שאיני מבין, **הוא פיתוי היצר,** יתמיד בלימודו וסוף הבינה לבא, שבראות קדוש ברוך הוא **חשקו בתורתו ודבקותו בה, פותח לו מעייני החכמה,** דכתיב - כי הוי"ה יתן חכמה מפיו דעת ותבונה. והנני מוסר לך דבר אשר תרדוף אחריה, ויהיה חיים לנפשך וענקים לגרגרותיך, **לעולם יהיה עיקר לימודך בדבר של תורה שליבך חפץ יותר,** אם בגמרא גמרא, ואם בדרוש דרוש, ואם ברמז רמז, **ואם בקבלה קבלה,** ורמז לדבר כי אם בתורת הוי"ה חפצו, כלומר תורת הוי"ה תלויה בדבר שלבו חפץ לעסוק, וכמו שמבאר האר"י זלה"ה בספר דרושי הנשמות והגלגולים פרק שלישי, וז"ל - יש בני אדם שכל חפצם ועסקם בפשטי התורה, ויש שעסקם בדרוש, ויש ברמז, ויש גם כן בגימטריות, **ויש בדרך האמת,** הכל כפי מה שעליו נתגלגל בפעם ההוא, כיון שהשלים פעם אחרת בשאר הענינים, אין צורך לו שבכל גלגול יעסוק בכולם, עד כאן לשונו. **ואל תביט ותשגיח לדברי המתנגדים על מה שחשקת לעסוק בתורה** בגמרא או בפשט או בדרוש וכו', באומרם לך למה אתה מוציא כל ימיך בפרט זה של תורה ולא בפרט זה, משום שעל מה שחשקת ללמוד, על דבר זה באת לעולם, ואם תשים דעתך לדבריהם, יכריחוך להתגלגל בזה העולם פעם אחרת ולעבור נפשך בחרב חדה של מלאך המות ולטעום טעם מיתה, ולכן לא תשמע לדברי המשחית נפשך, **כי דע שהשטן מתלבש באלו האנשים לדאוג ולהצטער ולהכאיב נפש הלומד ועוסק בתורה,** בחלק שאָנְתָה נפשו לעסוק, כדי להבדילו משם שלא יבא ישלים נפשו, על מה שבא להשלימה, ולהכריחו גלגולים אחרים, וכשם שבדבר שחושק יותר האדם ללמוד, משם יבין שעל דבר זה נתגלגל להשלים, כך צריך האדם שידע שורש נשמתו ומהיכן נמשך ועל מה בא לתקן ולהשלים, כמו שאמר בזוהר שיר השירים על הגידה לי את שאהבה נפשי וכו'. **וכדי שיביין יראה באיזה מצוה תקיף יצרו יותר לבטלה יתחזק בה לקיימה, כי בוודאי על מצוה זו נתגלגל,** וכדי שלא ישלים חוקו מנגדו יצרו לבטלה להוציאו מן העולם בידים ריקניות... ולכן לא תשמע לדברי רשעים אלו, אלא תשמע לדברי חיים.

חבר אני לכל אשר יראוך ולשמרי פקודיך. בסוף[11] עץ חיים מובא מספר כללים למהרח"ו, וז"ל - להאר"י זלה"ה. הרמב"ן וחבריו ודברי ראשונים כמו רבי נחוניא בן הקנה לא הזכירו רק עשר ספירות, ולא גילו עניני פרצוף כלל. **ודע שהרמב"ן והראשונים היו יודעים בפרצוף**, אלא שדברו בהעלם גדול, לרוב הגלות שלא ניתן רשות לגלות, ולהתפשט האורות הגדולים, מאחר שגברו הקליפות, וכל זר לא יאכל קדש. **אמנם בעקבות משיחא כמו בדורינו זה התחילו האורות להתפשט להיות כבראשונה**, כמו שהיה בזמן העולם מתוקן ולהתתקן מעט. ומתחלה היו האורות סתומים, היה העולם מקולקל, וכל מה שנתקלקל נסתם בגלות, ולא היו משיגין אלא עשר ספירות בסתום, בסוד הנקודות, כל אחד כלול מעשר, ובענין הפרצופים לא נתגלה להם כלל, לפי שמצאו בדברי הראשונים סתומים, ולא ידעו עומק הדברים, וחשבו שכך הוא ודברו בעשר ספירות כל אחד כלול מעשר ובחינות הרבה, ולפי שראיתי מי שחולק על דברים אלו לאמור שלא מצינו אלא עשר ספירות, ומהיכן יש לשלוט כח לאמור כמה פרצופים שנמצא יותר מעשר ספירות, ומספר רב והלא הראשונים כתבו בספר יצירה - עשר ולא תשע, עשר ולא י"א, לזה באתי לפתוח לך כחודא דמחטא, אולי תזכה להבין מקצת, וכולו לא תשורנו עין, וזהו. ובהקדמתו[12] הקדושה כותב הרב ז"ל - והנה אין בכל דור ודור שלא נמצאו בו אנשים יחידי סגולה ששרתה עליהם רוח הקודש, והיה אליהו הנביא ז"ל נגלה עליהם, **ומלמד אותם סתרי החכמה הזאת**, וכמו שנמצא כתוב בספרי המקובלים, גם בעל ספר הרקנטי כתב בפרשת נשא בפרשת ברכת כהנים......ואנשי לבב שמעו לי, אל יהרסו אל הוי"ה, **לראות בספרי האחרונים הבנויים על פי השכל האנושי**, ושומע לי ישכון בטח ושאנן מפחד רעה. ולכן אני הכותב הצעיר חיים וויטאל, רציתי לזכות את הרבים **בהעלם נמרץ והמשכילים יבינו**, וקראתי שם החבור הזה על שמי **ספר עץ חיים**, וגם על שם החכמה הזאת העצומה, חכמת הזוהר, הנקרא עץ חיים, ולא עץ הדעת כנזכר לעיל, בעבור כי בחכמה הזאת טועמיה חיים זכו, ויזכו לארצות החיים הנצחיים, **ומעץ החיים הזה ממנו תאכל, ואכל וחי לעולם**. ואשכילך ואורך דרך זו תלך דע מן היום אשר מורי זלה"ה החל לגלות זאת החכמה, **לא זזה ידי מתוך ידו אפילו רגע אחד**, וכל אשר תמצא כתוב באיזה קונטריסים על שמו ז"ל, ויהיה מנגד מה שכתבתי בספר הזה, **טעות גמור הוא, כי לא הבינו דבריו, ואם יש בהם איזה תוספות שאינו חולק עם ספרינו זה, אל תשית לבך בקבע אליו, כי שום אחד מהשומעים את דברי קדשו, לא ירדו לעומק דבריו וכוונתו, ולא הבינום**, בלי שום ספק. ואם יעלה בדעתך לחשוב שתוכל לברור הטוב ולהניח הרע, אל בינתך אל תשען, כי אין הדברים האלו מסורים אל לב האדם כפי שכל אנושי, והסברא בהם סכנה עצומה, ויחשב בכלל קוצץ בנטיעות חס ושלום, לכן הזהרתיך ואל תסתכל בשום קונטרסים הנכתבים בשם מורי זלה"ה, זולתי במה שכתבנו לך בספר הזה, **ודי לך בהתראה זאת**, אלו הם דברי קודשו. ועלינו ללמוד אך ורק בתורת מורינו חיים.

אני קראתיך כי תענני אל הט אזנך לי שמע אמרתי. עוד כתב הרב ז"ל בהקדמתו תנאים כדי לזכות לחחכמה הקדושה הזאת, וז"ל - אני הכותב משביע בשמו הגדול יתברך, לכל מי שיפלו

11

ע"ח ח"ב דקי"ט ע"א.

12

ע"ח ד"ד ע"ב.

הקונרטסים אלו לידו, שיקרא הקדמה זאת, ואם אותה נפשו לבוא בחדרת החכמה זאת, יקבל עליו לגמור ולקיים כל מה שאכתוב ויעיד עליו יוצר בראשית, שלא יבוא אליו היזק בגופו ונפשו, ובכל אשר לו, ולא לאחרים. תחת רודפו טוב והבא לטהר ולקרב. **ראשית הכל יראת הוי"ה, להשיג יראת העונש, כי יראת הרוממות, שהוא יראה הפנימית, לא ישיגוהו רק מתוך גדלות החכמה**, ועיקר מגמתו בידיעה הזה יהיה לבער קוצים מן הכרם, כי לכן נקראים העוסקים בחכמה הזאת מחצדי חקלא. **ובודאי שיתעוררו הקליפות נגדו לפתותו ולהחטיאו, לכן יזהר שלא לבוא לידי חטא אפילו שוגג**, שלא יהיה להם שייכות בו, לכן צריך ליזהר מהקלות, כי הקדוש ברוך הוא מדרדק עם הצדיקים כחוט השערה, לכן צריך לפרוש עצמו מבשר ויין כל ימות השבוע, **וצריך הזהרת סור מרע ועשה טוב**, ובקש שלום. בקש שלום צריך להיות רודף שלום, ולא להקפיד בביתו על דבר קטן וגדול, וכל שכן שלא יכעוס ח"ו.

וצריך להתרחק בתכלית הריחוק סור מרע.

א. ליזהר בכל דקדוקי מצות, ואפילו בדברי חכמים, שהם בכלל לא תסור.

ב. לתקן המעוות קודם שיבא לעולם הבא.

ג. יזהר מהכעס, אפילו בשעה שמוכיח את בניו, לא יכעוס כלל ועיקר.

ד. גם צריך ליזהר מהגאוה, ובפרט בענין הלכה, כי גדול כחה והגאוה, בזה עון פלילי.

ה. בכל צער שיבא לו, יפשפש במעשיו וישוב אל הוי"ה.

ו. גם יטבול בעת הצורך לו.

ז. גם יקדש את עצמו בתשמיש המטה שלא יהנה.

ח. שלא יעבור כל לילה ויחשוב בכל לילה מה שעשה ביום, ויתודה.

ט. גם ימעט בעסקיו ואם אין לו פרנסה כי אם על ידי משא ומתן, יכין יום שלישי ויום רביעי, מחצי היום ואילך, ובכוונה שהוא לעבודת קונו.

י. כל דבור שאינו של מצוה והכרחי, יהיה זהיר ממנו, ואפילו דבר מצוה ימנע בשעת התפלה.

ועשה טוב

א. לקום בחצי הלילה, ולעשות הסדר בשק ואפר ובכי גדול, ובכוונה כל אשר יוציא בשפתיו. ואחר כך יעסוק בתורה כל זמן שיוכל להיות בלי שינה, ובלבד שחצי שעה קודם עלות השחר יתעורר לעסוק בתורה.

ב. ילך לבית הכנסת קודם עלות השחר, קודם חיוב טלית ותפילין, להיזהר שיהיה מעשרה ראשונים.

ג. קודם שיכנס, ישים אל לבו מצות עשה ואהבת לרעך כמוך, ואחר כך יכנס.

ד. להשלים רמז צדיק בכל יום. שהוא צ' אמנים, ד' קדושות, י' קדישים, ק' ברכות.

ה. שלא להסיח דעתו מהתפילין בעת התפילה, זולת בעת העמידה ועסק התורה.

ו. צריך שיהיה עוסק בתורה, מעוטף בטלית ותפילין.

ז. לכוין בתפלה הכוונות, כמו שנבאר בע"ה.

ח. שישים תמיד נגד עיניו שם בן ארבעה אותיות הוי"ה, ויזדעזע ממנו, כמו שכתוב - שויתי הוי"ה לנגדי תמיד.

ט. שיכוין בכל הברכות, בפרט בברכת הנהנין.

י. צריך שיהיה עמל בתורה פרד"ס, שנאמר או יחזיק במעוזי, ואל יחשוב שיגלו לו רזי התורה בהיותו ריק, כדכתיב - יהב חכמתא לחכימין, וצריך ליזהר שלא יוציא בשפתיו בחכמה זו, מה שלא שמע מאדם שראוי לסמוך עליו, וכאזהרת רשב"י וחבריו. השגת החכמה תנאי הראשון, צריך למעט דבורו, ולשתוק, כל מה שיוכל כדי שלא להוציא שיחה בטילה, כמאמר רז"ל - סייג לחכמה שתיקה. גם תנאי אחר, על כל דבר תורה שלא תבינהו, תבכה עליו כל מה שתוכל. גם עלית הנשמה בלילה לעולם העליון, שלא תשוט בהבלי העולם, תלוי שתישן בבכיה. ומרת עצבות מגונה עד מאוד, ובפרט להשיג חכמה, והשגה אין לך דבר מונע השגה יותר מזה. גם בענין השגת האדם, אין לך דבר שמועיל כמו הטהרה והטבילה, שיהיה האדם טהור, בכל עת ומורי זלה"ה עם היות שהיה לו חולי השבר שהקור מזיק לו, עם כל זה לא היה מונע מלטבול בכל עת, עד כאן דברי קודשו. ועלינו לקיים את בקשת הרב ז"ל את הבחינות של[13] סור מרע ועשה טוב, כדי לטפס בעץ החיים.

מרן הרש"ש[14] מעיד על עצמו, וז"ל - וראיתי מה שכתבו מעלת כבוד תורתם, על ענין עבודת הוי"ה שקצרתי במקום שהיה ראוי להרחיב מעט הדיבור, אמת הוא כי לכתחילה קצרתי בו, **יען ראיתי כמה מהנזק יצא ממה שכתבו בזה המקובלים שקדמו, כי רבים חללים הפילו, וחלול כבוד הוי"ה, וכבוד התורה. הוי"ה יכפר בעדם, כי כל דבריהם לא על פי התורה הם, ואינם מיוסדים על האמת, ומהם יצאו אבות, ומאבות תולדות הריסת יסודי התורה ח"ו, הוי"ה יכפר. וכל זה לא שלמדתי בדבריהם ח"ו**, אלא שפעם אחת הוכרחתי בעל כרחי לעיין בדף אחד שכתוב בו קצור מה שכתבו בענין זה, **וכמעט שקרעתי בגדי לראות דברים אשר לא כן על הוי"ה.** הוי"ה יכפר, וכבר מילתי אמורה להם, **כי עידי בשמים כי כל עסקי ולמודי, אינו רק בדברי האר"י זלה"ה, ותלמידו מהרח"ו ז"ל לבדם, ובלעדם אין לי עסק בשום ספר מספרי המקובלים ראשונים ואחרונים, ואפילו בדברי שאר תלמידי האר"י ז"ל לא למדתי, וכשיזדמן לפני דבר מדבריהם, אני מדלגו.** כי על כן איני כמזהיר, אלא כמזכיר, למען הוי"ה אל יהי לכם מגע יד בדבריהם, ובפרט בענין זה, השמרו לכם פן יפתה לבבכם, **אלא כל לימודם לא יהיה אלא בעץ חיים ובספר מבוא שערים ובשמונה שערים המפורסמים**, שכולם דברי אלהי"ם חיים. ואני קצרתי בענין זה כל מה שאפשר, כי יראתי פן יפלו דפים אלו ביד מי שעדיין לא למד דברי האר"י ז"ל כראוי, **ויחשידני שלמדתי בספרים אחרים, ולא כן הוא כאמור**, ולכן קצרתי בו, ופיזרתי בהקדמה, עד כאן דברי קודשו של מרן הרש"ש. ואנחנו תפילה שיתגלה משיח צדיקנו במהרה בימינו, ומלאה[15] הארץ דעה את הוי"ה כמים לים מכסים, דעת תורת החיים.

———————————————

13

תהלים ל"ד ט"ו – סור מרע ועשה טוב בקש שלום ורדפהו.

14

נהר שלום דף ל"ד ע"א.

15

ישעיהו י"א ט' – לא ירעו ולא ישחיתו בכל הר קדשי כי מלאה הארץ דעה את הוי"ה כמים לים מכסים.

כתב רבינו גאון הקבלה רבי אליהו מני, רבו של הרי"ח הטוב, רבי יוסף חיים בעל הספר "בן איש חי", בספרו הקדוש **כסא אליהו** כי על הלומד ללמוד כל מאמר ומאמר ארבעה חמשה פעמים בלי המפרשים, וינסה להבין את המאמר בעצמו. ואחר כך ילך לראות אם כיוון לדעת המפרשים.

וכן אני הקטן מבקש בכל לשון של בקשה, ללמוד את הדרוש כמו שהוא מובא בספר עץ חיים, ארבעה חמישה פעמים, כדי לנסות להבין את הדרוש. וכל דרוש מובא בתחילת הספר במלואו.

אחר כך יכנס ללמוד את הדרוש עם ביאור הדברים, עוד ארבעה חמישה פעמים, ואחר כך יראה את המקורות להגהות, ודברי רבותינו הקדושים, עם התרשימים וטבלאות.

ואז יעלה ויצליח בלימוד תורת האר"י הח"י.

כתב רבינו **השד"ה** רבי שאול דוויק הכהן, בהקדמת ספרו איפה שלימה, על אוצרות חיים וז"ל - וכדי שיוכל לעלות לימודו למעלה, ריח ניחוח לה'. קודם כל לימוד ימסור עצמו על קדושת ה', כי זה מועיל מאוד, כמו שכתוב בשער הכוונות דף כ"ד ע"ב, כי עתה בזמנינו בעונותינו הרבים אין יכולת לעשות זווג כתיקונו למעלה, ולסיבה זו הקץ מתארך וכו'. אמנם עם כל זה יש קצת תיקון במה שנמסור נפשינו על קידוש ה' בכל הלב, כי על ידי כן אפילו אין בנו שום מעשים טובים, והרשענו עד להפליא. הנה על ידי מסירת נפשינו להריגה, מתכפרים עונותינו כולם, ויש בנו יכולת לעלות עד אימא עילאה, כמו שאמרו חז"ל - גדולה תשובה שמגעת עד כסא הכבוד, שנאמר - שובה ישראל עד ה' וכו', עד כאן דבריו.

וזה הסדר

יקבל עליו ארבע מיתות בית דין, מארבעה אותיות הוי"ה וארבעה אותיות אדנ"י, וליחדם על ידי ארבעה אותיות אהי"ה ועל ידי עסמ"ב

סקילה **י** **א** וליחדם על ידי **א**		יוד הֵי ויו הֵי
שרפה **הֵ** **ד** וליחדם על ידי **ה**		יוד הֵי ואו הֵי
הרג **ו** **נֵ** וליחדם על ידי **י**		יוד הֵא ואו הֵא
וחנק **הֵ** **י** וליחדם על ידי **ה**		יוד הֵה וו הֵה

לְשֵׁם יִחוּד

קֻדְשָׁא בְּרִיךְ הוּא וּשְׁכִינְתֵּה

יאהדונהי

בְּדְחִילוּ וּרְחִימוּ   וּרְחִימוּ וּדְחִילוּ

יאההויהה   איההיוהה

לְיַחֲדָא אוֹתִיוֹת י״ה בְּו״ה, בְּיִחוּדָא שְׁלִים

יהו״ה

בְּשֵׁם כָּל יִשְׂרָאֵל, לַאֲקָמָא שְׁכִינְתָּא מֵעַפְרָא, הָרֵינִי לוֹמֵד בַּסֵּפֶר קַבָּלָה פְּלוֹנִי שֶׁהוּא כְּנֶגֶד תִּפְאֶרֶת דְּז״א בְּעוֹלָם הָאֲצִילוּת שֶׁבּוֹ שֵׁם מ״ה כָּזֶה יוֹ״ד הֵ״א וָא״ו הֵ״א לַעֲשׂוֹת מֶרְכָּבָה. וִיהִי רָצוֹן מִלְפָנֶיךָ ה׳ אֱלֹהֵינוּ וֵאלֹהֵי אֲבוֹתֵינוּ שֶׁתְּזַכֵּךְ רוּחֵנוּ וּנְפָשֵׁינוּ שֶׁיִּהְיֶה רְאוּיִם לְעוֹרֵר מַיִן תַּתָּאִין עַל יְדֵי קְרִיאַת סֵפֶר הַקַּבָּלָה הַזֹּאת. וִיהִי נֹעַם יְהֹוָה אֱלֹהֵינוּ עָלֵינוּ וּמַעֲשֵׂה יָדֵינוּ כּוֹנְנָה עָלֵינוּ וּמַעֲשֵׂה יָדֵינוּ כּוֹנְנֵהוּ.

בָּרוּךְ ה׳ לְעוֹלָם אָמֵן וְאָמֵן, נֶצַח, סֶלָה, וָעֶד.

שער ז' פרק ד'

אמנם בשאר ספי' לא היה בהם שום מציאות זו"ן כי כולם זכרים וגם שהם כלים גמורים ואין בהם אור רק אותו אור שנכנס מחדש נמצא אור הגבורה נכנס בחסד וכעד"ז עד שנמצא כי אור המלכות בכלי של יסוד. ובכאן יש קושיא ראשונה ג"כ איך יעשה מזכר נקבה אך דע שלכן הוצרכו זו"ן שבבינה להזדווג להוציא ה' אחד דוגמתה ונחלק לב' שהם ד"ו ואות ו' נכנסה בכלי יסוד בסוד זכר של מל' אשר שם כי יותר גבוה כמה מדרגות הוא אות ו' זו מן המלכות שביסוד לכן הם זו"ן ואח"כ אות ד' ירדה במלכות והשלימה שם במקומה הרי כי בד' בחי' יש בהם זו"ן והם כח"ב יסוד והוא לטעם קושיא הנ"ל שיש באלו הד' משא"כ בשאר. ועתה צריכין אנו לבאר מציאות לא מטי בכתר מה מה ענינו והענין כי אחר שבארנו שיש בכלי של כתר זו"ן והם כתר חכמה ואלו צריכין לעלות אל שורשם לינק משם. ואמנם חשק הזה שיש להם ליקח אור מן השורש שלהם הוא הגורם להם לעלות שהרי כל הי' שרשים כולם פניהם למטה להאיר בעקודים הללו ואמנם אחר שעולים ויונקים משם אז אותו הכתר דעקודים הנשאר בסוף השרשים הוא הופך אחוריו להם ואז אינם יכולים עוד לינק ולכן חוזרין ויורדין ונכנסין בכלים שלהם כמ"ש בע"ה. והענין כי הנה כל השרשים העליונים הופכין פניהם למטה להשפיע אור בסוד חיות לבד שלהם ולא לצורך זווג. אמנם גם שורש הכ"ע יש לו חשק להשפיע למטה כי לעולם השרשים רצונם להאיר בענפים אך סיבת הדבר הוא היות אור הכתר בסוף אותן השרשים כולן הופך אחוריו למטה ואז כראות השורש העליון בכ"ע כי אור הניתן שם אינו משפיע למטה אז הוא אוסף חלקו למעלה כמ"ש הצדיק אבד כי כאשר אינו מזדווג עם המלכות גם הוא מפסיד כי אין נותנין לו או"א רק כאשר ישפיע למטה וכעד"ז בכאן(כי) כאשר הכתר אינו משפיע למטה אז גם השורש של כתר עליון אוסף חלקו ולא ברצונו כי רצונו להשפיע רק בשביל חסרון התחתונים שאינן יכולין לקבל. וגם טעם הדבר שאם ימשך האור ההוא תמיד הנה יחזרו הכלים אל בחי' אורות כבתחלה ויתבטלו כבתחלה אבל עתה שאין אור נמשך בכלים רק אחר עליית אור הכלים למעלה לינק ובזה אין הכלים בטלים ובזה אחר שינקו אלו האורות למעלה אז חוזר הכתר ההוא להפוך פניו למעלה ואז יורדין למטה בע"כ כי אין להם מה לינק. ועוד ט"א לפי שגם אלו האורות יש להם חשק לחזור אל הכלים דוגמת הנשמה כשיוצאת מן הגוף לכן אחר יניקתן חוזרין לירד ואז אין אותו כתר דעקודים שבסוף השרשים יונק מן השורש של כתר עליון של השרשים רק חיות לבד הצריך לו ולא יותר.

ונבאר עתה מציאות עליית זו ונאמר כי הלא כאשר לא מטי בכתר הוא לפי שעולין זו"ן של הכתר למעלה במקום זה הכתר שבסוף השרשים העליונים ואינם יכולין להיות שם כי הוא גדול מהם ולכן הם נשארים במקומו והוא עולה במקום השורש של המלכות ואז גם השורש של המלכות עולה בשורש של היסוד ושם נשארים שניהם בסוד היסוד שהוא זו"ן ואז שורש כתר עליון משפיע למטה אחר שכבר יש הכנה לתחתונים לקבל ואז הנוקבא של הכתר

נכללת בזכר. ופירוש הענין כי הנה יש כמה כללות א' כאשר יהיו ב' אורות בב' כלים כל א' בפ"ע ואח"כ כאשר יכנסו ב' האורות בכלי א' זה יקרא כללות שנכלל זה בזה בכלי א' ועוד יש מציאות אחר והוא בהיות בחי' ב' אורות)אלו(זו"ן)י"ל בב' כלים(שאז אירע להם מ"ש בפ' תרומה דקמ"ז כי אז יש בהם סוד אהבה פי' כי נכלל הארת זכר בנקבה ושניהם בכלי א' וכן חוזר הארת נוקבא להכלל בכלי של הזכר הרי הם ד' אורות ב' בכל כלי כלולים זב"ז והם סוד ד' אותיות של אהב"ה. ועוד יש מין כללות אחר והוא זה המציאות שאנו בו שהם ב' אורות בלתי כלים שהם זו"ן של הכתר שעלו למעלה ואינם בכלי כי כללותם אז יהיה בבחי' שיקבל הארה זו מזה וזהו כללות שלהם. והנה עתה הנוקבא נכללת בדכורא כי להיות שהנוקבא הוא אור של החכמה כנ"ל והזכר הוא אור של הכתר שנשאר בכלי א' כ"כ הזכר הוא שמקבל עתה מן השרש שלו שהוא שורש הכתר וזה נמשך לו ע"י שמזדכך אותו הכתר שנשאר למעלה בסוף השרשים וע"י הארה העליונה של שורש הכתר הוא מזדכך מאד ואז מאיר רב בזה הזכר של הכתר ואז נכללת הנקבה בזכר ומקבל הארה ממנו עד שנמצאים עתה ג' בחי' אלו)הם(שוים בהארתן והם זו"ן של כלי הכתר ואותו הכתר שעליהם ואחר שהן שוין יקבלו האור שלהם מצד שורש כתר עליון ואז צריך שהנוקבא של הכתר תקבל גם היא משורש עליון שלה שהוא חכמה עליונה לכן השורש של החכמה העליונה יורדת בבינה ובינה בחסד כו' עד שיורד יסוד במלכות ואז אותו הכתר שעלה במקום שורש המלכות יורד במקומו כי אינו יכול להיות שם כי אין לו דמיון עם שורש המלכות וגם הוא ענף והמלכות הוא שורש לכן הוא גרוע ממנה אע"פ שהוא מקבל מן הכתר אמנם כן יורד במקומו ושם יוכל להיות ביחד עם זו"ן שהיה במקומו כי אז שלשתן שוין אחר שכולן שוין בקבלתן משורש הכתר עליון ואז נמשך הארת שורש חכמה למטה ואז הזכר נכלל בנוק' שהנוקבא מקבלת תחלה לפי שהוא נשתווה במעלה עם הזכר כי שניהן שוין וקבלו משורש הכתר עליון ולפי שעתה מקבלים משורש חכמה לכן הנוק' מקבלת תחלה מכל הג' שבכאן והן מקבלין ממנה ונכללין בה בסוד אשת חיל עטרת בעלה. אמנם טעם ירידת שורש חכמה למטה במקום שורש הבינה וכו' הוא לכמה טעמים הא' הוא לפי שכשהיא קרובה לשורש כתר אינה יכולה להאיר ואורה מתבטל באור הנמשך מן הכתר. ועוד כי צריכה היא להתקרב למטה כדי שתוכל הנוקבא שבכתר לקבל תחלה ממנו כנ"ל וזהו גורם קריבת השורש אליה מדריגה א' יותר מקורבת הזכר שבכתר אל שורשו. ועוד כי בארנו כי לעולם השרשים אינם נמנעים מלהשפיע למטה בהיות התחתונים רוצים לקבל לכן שורש הכתר אינו נמנע מלהשפיע למטה כל זמן היותן זו"ן חוץ מן הכלי שלהם וא"כ אין החכמה יכולה להשפיע ולכן כאשר תתרחק החכמה ותרד למטה במקום הבינה אז ישאר המקום שלה פנוי ואז בעוד שהשפע הנשפע משורש הכתר ממלא אותו מקום החלל הפנוי אז החכמה היא משפעת למטה נמצא כי אז גם אם הכתר משפיע אינו מבטל הארת החכמה. ואמנם ירידת החכמה למטה לא תפסיד הארתה בהתרחק מן המאציל מדריגה א' כנ"ל הוא מזה הטעם אחר היות הכתר עליון ממלא אותו מקום החלל כי בשלמא אם היה שם מקום פנוי וחלל היה נפסק האור מן המאציל לחכמה ואדרבא היתה מפסדת החכמה ויותר טוב היה להשאר במקומה אמנם עתה שאור הכתר ממלא מקום החלל ההוא יש דרך ומעבר אל האור המאציל להשפיע

בשורש החכמה ואינה מפסדת כלל. והנה אחר שקבלו זו"ן מן השורש החכמה ג"כ אז אינן צריכין לינק עוד ואז יורדין זו"ן בכלי שלהם ואז שורש החכמה נתעלה)נ"א נתגלה(במקומה וגם שורש הכתר אוסף חלק אור אליו ואותו הכתר שבסוף השרשים אינו מקבל רק חיות הצריך לו לבד ועתה נקרא בחי' מטי בכתר אל הכלי כי חזר האור בכלי שלו אמנם שורש כתר עליון נקרא לא מטי למטה בעקודים. הרי העלינו מכל זה שהאור שבכלי ראשון נק' כתר ואין בו רק אור החכמה כי אור הכתר נשאר למעלה בסוף השרשים וז"ס כולם בחכמה כו'.

פרק ד'

דרוש זה מקורו מספר הדרושים וצריך לכתוב מ"ק בראש הדרוש.

דרוש זה הוא המשך[16] ישיר לפרק ג' דשער זה, כאשר בפרק הקודם הרב ז"ל ביאר את מציאות ודרך עשיית זכר ונקבה שבכלים דכח"ב, ובפרק זה הרב ז"ל מבאר שאין מציאות זכר ונקבה בכלים דשבע תחתונות, חוץ מכלי היסוד. כן מבואר בפרק זה את בחינת האור הזכר המתלבש בכלי היסוד, והאור המתלבש בכלי המלכות. **עוד מבאר הרב ז"ל** את מציאות הסתלקות האורות שבכלי הכתר בסוד לא מטי לפה דא"ק, גם איזה אור מסתלק, והסיבה והטעם להסתלקות. **עוד מבאר** הרב ז"ל את הדרך שאורות דכלי הכתר מקבלים שפע כאשר הם מסתלקים למאציל, ואת חזרתם לגבול עולם העקודים.

כבר[17] נתבאר בפרק ג' דשער זה כי בכלי[18] הכתר יש בחינת זכר ונקבה, שנעשו מהרשימו דכתר ואור החכמה שהתפשט בהתפשטות השניה, כאשר הרשימו דכתר הוא בחינת הזכר, ואור החכמה בחינת הנקבה. גם כן בכלי[19] החכמה יש בחינת זכר ונקבה, שנעשו מהרשימו דחכמה ואור הבינה שהתפשט בהתפשטות השניה, כאשר הרשימו דחכמה הוא בחינת הזכר, ואור הבינה הוא בחינת הנקבה. וכן בכלי[20] הבינה יש בחינת זכר ונקבה, רק כאן האור החדש הנקרא אות י' הנולד מזיווג זכר ונקבה דכלי החכמה, והנקבה דליה הוא הרשימו דבינה, עוד נמצא בכלי הבינה אור החסד המשמש כמ"ן. כך שיש זכר ונקבה בכלים דכתר חכמה ובינה, **אמנם בשאר**[21] [22]השבע ה**ספירות**

כרם שלמה ש"ז פ"ד אות א' – זה הדיבור הוא סיום של הפרק דלעיל, וכן הוא בשער ההקדמות, הוא המשך פרק אחד עם הנ"ל.

כרם שלמה ש"ז פ"ד אות א' – ומה שכתב אמנם בשאר ספירות וכו'. לכאורה פירוש השבע תחתונות, שהם מחסד עד המלכות, לא היה בהם שום מציאות זכר ונקבה בכל אחד מן השבע תחתונות הללו, כי אם דוקא בכח"ב, כי כולם זכרים, וגם שהם כלים גמורים. כי בשלמא כי הכתר והחכמה ובינה, כל אחד פרצוף אחד לבדו, לזה יפול בהם שם זכר ונקבה, דהיינו פרצוף הכתר הוא זכר, והחכמה היא נקבה לגבו כנודע בדרושי האצילות. והואיל ואור החכמה שהיא נקבה נכנסה בו בכלי שלו, לזה צריך להיות בו בחינת זכר ונקבה, ולכן הרשימו שלו נעשה זכר, והחכמה אליו. וכן בכלי החכמה הוא בחינת זכר, והואיל ונכנסה בו נקבה, שהיא אור הבינה, לזה צריך להיות בו בחינת זכר ונקבה, ולכן הרשימו שלו נעשה בחינת זכר, והבינה נעשית נקבה אליו, ונעשה בו זכר ונקבה. וכן בכלי הבינה על דרך זה.

תרשים ד – א.

תרשים ד – ב.

תרשים ד – ג.

הגהות וביאורים)ו(– ראש פרק זה עיין שער הקדמות סוף פרק א' דמטי ולא מטי, ובפרק ד' שם בארוכה כל פרק זה.

כרם שלמה ש"ז פ"ד אות א' – אבל השבע קצוות הואיל וכולם זכרים, דהיינו אף על פי שאור הגבורה נכנס בכלי החסד, לית לן בה, כי גם אור הגבורה הוא זכר, ונתחבר עם הרשימו של החסד, ונעשו שניהם זכרים. וכן בכלי הגבורה אף על פי שנכנס בו אור התפארת, לית לן בה, כי גם אור התפארת היא בחינת זכר. וכן על דרך זה עד ההוד, שכולם בחינת הכלים שלהם והאורות שלהם בחינת זכרים, ואינו מעכב זה על זה.

19

לֹא הָיָה בָהֶם שׁוּם מְצִיאוּת זָכָר וּנְקֵבָה, כִּי[23] בכל[24] שיעור קומה התחתונות
שבכל עולם יש[25] עשר ספירות, והם חמשה פרצופים, הכתר הוא פרצוף א"א, והוא בחינת זכר, החכמה פרצוף אבא,
והוא גם כן בחינת זכר, הבינה פרצוף אימא, והיא בחינת נקבה, הו"ק הם פרצוף ז"א, והוא בחינת זכר, ומלכות היא
פרצוף הנוקבא, והיא בחינת נקבה. כאשר[26] הג"ר הם פרצופים שלמים, בעשר ספירות פרטיות כל אחד, וז"א[27] הוא

23

כרם שלמה ש"ז פ"ד אות א' – והטעם שכולם זכרים הוא עם האמור לעיל, כי הג"ר הם ג' פרצופים גמורים,
וזה זכר וזה נקבה, אבל הו"ק מחסד עד יסוד הם כולם פרצוף אחד, והוא נקרא פרצוף ז"א, ואלה השבע
ספירות אינם שבע ספירות גמורים, אלא שבע קצוות של ספירה אחת גמורה, והוא פרצוף ז"א, והז"א הוא
בחינת פרצוף זכר, ולזה כולם זכרים, ואין קפידא אם יתחלפו אורותיהם זה בזה.

24

תרשים ד – ד.

25

ע"ח שער הכללים פ"ב ד"ה ע"ד – ולכן מנקודת כתר נעשה התפשטות של פרצוף אחד שלם מעשר
ספירות שהיו כלולים בו מתחלה כנ"ל, ועתה הוציאם אל הפועל, ואז נקרא א"א. וכן מנקודה של חכמה נעשה
פרצוף אחד שלם מעשר ספירות, ואז נקרא אבא. וכן מבינה נעשה פרצוף אחד שלם מעשר ספירות, ונקרא
אימא. ומן השש נקודות הנשברים עשה מכולם פרצוף שלם מעשר ספירות, ונקרא ז"א. ומנקודה עשירית
נעשה פרצוף שלם מעשר ספירות כלול מעשר ספירות, ונקרא בת, והוא פרצוף ה'. ואלו החמש פרצופים נרמזין בד' אותיות
הוי"ה, קוץ של יו"ד בא"א, י' עצמה באבא, ה' ראשונה באימא, ו' בז"א, ה' תתאה בבת, הנקראת נוקבא דז"א.
ע"ח שי"א ענף ה' מ"ב די"ד ע"ד – עוד צריך שנקדים לך העשר ספירות
הכוללות **כל עולם ועולם**, הנה בכללות יחד כולם כאחד, בחינת הוי"ה אחת **בכל מקום שהוא, בין בכללות
בין בפרטות** כנ"ל. יוצא מכל אות ואות מהם הוי"ה אחת, והנה קוצו של יו"ד שבאותיות הוי"ה הוא ספירת
כתר, ויו"ד עצמה הוא בחינת חכמה, וה' ראשונה בינה, וה' הוא התפארת כולל ו' ספירן, אשר כללותם נקרא
בשם ז"א, כמו שנבאר במקומו בע"ה, וה"ה אחרונה מלכות, הנקרא אצלינו נוקבא דז"א. וכל זה הוא בדרך
הוי"ה הכוללת הה' פרצופים יחד כנ"ל.

26

ע"ח שי"א פ"א פ"ה מ"ת דנ"ב ע"א – וטרם שנבאר מהו ענין היות הנקודות הנ"ל בלתי תיקון, ומה הפירוש
של תיקון, צריך שנעורר קצת שאלות והם, כי אחר שנתבאר לעיל כי כל העשר נקודות נכללו כולם בעת
התיקון, ונעשו בחינת ה' פרצופים, שהם א"א, ואו"א, וזו"נ, מלבד עתיק כי הוא נכלל בא"א כמט שנבאר
בע"ה. אם כן מה נשתנה השינוי הזה, שתחלה יהיו עשר נקודות, ואחר כך נעשו ה' פרצופים לבד, ולמה לא
היו בתחלה ה' נקודות לבד, או יהיה באחרונה עשר פרצופים, גם בכלל השאלה **מה נשתנה הזו"א מכל
השאר**, כי כל אחד מהד' פרצופים היא נקודה אחת בלבד מן העשר נקודות הראשונים, וז"א נעשה מחמש
נקודות ביחד, ולמה לא היה גם הוא מנקודה אחת לבד כמו האחרים, או יהיו כל האחרים כל אחד מהם
שש נקודות כמוהו. ועוד בכלל זה כי נודע שלעולם אנו מוציאים שכל אחד מנקודה כלול מעשר נקודות ממש,
ואם כן כיון שכל פרצוף ופרצוף כלול מעשר ספירות כנודע, (נ"א אנו מוציאין שנזכר או נקודה אחד
מעשר או יו"ד נקודות ממש ואם כן) למה זה יצא ז"א בתחלה בסוד שש נקודות, ולא יצא אז בסוד עשר
נקודות, או בסוד נקודה אחת כמו האחרים. גם יש לשאול למה לא מצינו בשאר הד' פרצופים בחינת עיבור,
ויניקה, ועיבור דמוחין לצורך תיקונם כמו שמצינו בז"א לבדו, ואין כך לא בג"ר ולא בנוקבא. והתשובה בזה
כי ודאי שמאותן עשר נקודות הראשונים לא היו רק ה' נקודות לבד, זו גדולה מעלתה על זו, והם בחינת ה'
פרצופים הנ"ל שנעשו אחר התיקון. והנה כל נקודה ונקודה מהם, צריך שתהיה כלולה מעשר נקודות פרטיות
שבה, כדי שיעשו אחר כך כל אחת מהם בחינת פרצוף אחד כלול מעשר ספירות. ואמנם לא היה כך מתחלה,
והיה חילוק באלו הנקודות באופן זה, כי הנקודה א' ב' ג' כולם היו שלימות בכל חלקיהם, פירוש שבכל נקודה
מהם היה בחינת עשר נקודות פרטיות, וכל אחד מאלו הג"ר היתה כלולה מעשר נקודות. אמנם הנקודה
הראשונה כתר היתה גדולה מכל העשר נקודות [נ"א מכל הנקודות] אשר למטה ממנו, וכן הב' נקודות שהם
הב' וג', חו"ב היו גדולים מכל מה שלמטה מהם. אבל הנקודה הד' אשר היא בחינת ז"א **לא יצאה כלולה
מעשר נקודות פרטיות שבה, רק יצאתה כלולה משש נקודות,** שהם שש נקודות התחתונים הנקודה ההוא,

פרצוף בעל שש ספירות פרטיות וחסר לו את הג"ר, והנוקבא היא פרצוף החסר[28] תשע ספירות פרטיות. ולכן חג"ת נה"י דעקודים **כולם זכרים** והם שש נקודות פרטיות של פרצוף ז"א, וחסר לו את ג"ר, אשר נשלמים כאשר הוא מקבל מוחין, ואם תאמר איך כל השבע תחתונות הם זכרים, הרי אור המלכות הוא נקבה, ואור זה מתלבש בכלי היסוד,

---

וחסרו ממנו ג' נקודות הראשונים הפרטיות בה. **באופן שאף על פי שאמרנו שז"א כלול משש נקודות, אינם אפילו נקודה אחת שלימה, רק שש נקודות פרטיות שבנקודה אחת**, וחסרו ממנו שלשה ראשונים, והרי יצא ז"א חסר משאר הפרצופי הג' העליונים. ואמנם הנקודה החמישית שממנה נעשה הנוקבא דז"א, אין לומר בה שיצאה כלולה מעשר על דרך ג' ראשונות, שאם כן נמצאת מעלתה גדולה מז"א. אמנם נקודה זו היא נקודה פרטית מן עשר נקודות שהיו צריכין להיות בנקודה שלה, והיא בחינת הכתר שלה בלבד. באופן שג' נקודות הראשונים יצאו כל אחת מהם כלולה מעשר נקודות, **ונקודה רביעית יצאה כלולה משש נקודות תחתונים שבה לבד**, ונקודה החמישית לא יצאה רק החלק העליון שבה, שהיא כתר שבה לבד. וכדי לידע חשבון מה שיצא מן הז"א **אנו אומרים שיש לו שש נקודות**, אמנם ודאי שאינם רק שש חלקים של נקודה אחת לבד. והרי נתבאר איך הם עשר נקודות, וכפי האמת אינם רק ה' נקודות, והרי נתבאר שינוי אחד שיש בין הג' נקודות ראשונים, אל הז' נקודות התחתונים.
27

תרשים ד – ה.
28

יש ב' שמועות בדברי הרב ז"ל אם פרצוף הנוקבא חסרה את ט' הספירות או את ט' בספירות התחתונות, כלומר אם הנוקבא יצאה רק עם ספירת הכתר הפרטית או ספירת המלכות הפרטית.

ע"ח שי"א פ"ה דנ"ב ע"א – והנה כל נקודה ונקודה מהם צריך שתהיה כלולה מעשר נקודות פרטיות שבה, כדי שיעשו אחר כך כל אחת מהם בחינת פרצוף אחד כלול מעשר ספירות, ואמנם לא היה כך מתחלה, והיה חילוק באלו הנקודות באופן זה, כי הנקודה א' ב' ג' כולם היו שלימות בכל חלקיהם, פירוש שבכל נקודה מהם היה בחינת עשר נקודות פרטיות, וכל אחד מאלו הג"ר היתה כלולה מעשר נקודות. אמנם הנקודה הראשונה כתר היתה גדולה מכל העשר נקודות [נ"א מכל הנקודות] אשר למטה ממנו, וכן הב' נקודות שהם הב' וג' חו"ב היו גדולים מכל מה שלמטה מהם. אבל הנקודה הד' אשר היא בחינת ז"א לא יצאה כלולה מעשר נקודות פרטיות שבה, רק יצאתה כלולה משש נקודות, שהם שש נקודות התחתונים, הנקודה ההוא וחסרו ממנו ג' נקודות הראשונים, הפרטיות בה. באופן שאף על פי שאמרנו שז"א כלול משש נקודות אינם אפילו נקודה אחת שלימה, רק שש נקודות פרטיות שבנקודה אחת, וחסרו ממנו שלשה ראשונים, והרי יצא ז"א חסר משאר הפרצופי הג' העליונים. ואמנם הנקודה הה' שממנה נעשה הנוקבא דז"א, אין לומר בה שיצאה כלולה מעשר על דרך ג' ראשונות, שאם כן נמצאת מעלתה גדולה מז"א. אמנם נקודה זו היא נקודה פרטית מן עשר נקודות שהיו צריכין להיות בנקודה שלה, **והיא בחינת הכתר שלה בלבד**. באופן שג' נקודות הראשונים יצאו כל אחת מהם כלולה מעשר נקודות, ונקודה רביעית יצאה כלולה משש נקודות תחתונים שבה לבד, ונקודה החמישית לא יצאה רק **החלק העליון שבה, שהיא כתר שבה לבד**. וכדי לידע חשבון מה שיצא מן הז"א אנו אומרים שיש לו שש נקודות, אמנם ודאי שאינם רק שש חלקים של נקודה אחת לבד. והרי נתבאר איך הם עשר נקודות, וכפי האמת אינם רק חמש נקודות, והרי נתבאר שינוי אחד שיש בין השלוש נקודות ראשונים, אל השבע נקודות התחתונים.

ע"ח שי"א פ"ו מ"ת דנ"ב ע"ד – והנה גם בזו"ן עצמם יש שינוי ביניהן, כי פשוט הוא שאין הפגם הנוגע בנוקבא שוה אל הפגם הנוגע עד ז"א ממש, שהוא גדול ומעולה ממנה, והחילוק שיש בזה, הוא כי)על ידי(הפגם המגיע עד נוקבא לבד, אפשר שיהיה כח בפגם ההוא אם יהיה החטא גדול באופן שיסתלקו ממנו התשע חלקים כולם, ולא ישאיר בה רק חלק עשירית, שהוא כתר שבה. אבל בז"א אין כח בפגם מעשה התחתונים שיסתלקו ממנו הו"ק, רק הג"ר לבד. וצריך לתת טעם לזה, ובכלל הדבר נבאר מ"ש לעיל, כי ביציאת נקודת ז"א יצאו ו' חלקי תחתונים, ולא ג' ראשונות, ובנקודות **הנוקבא יצאה נקודה העליונה, כתר שבה בלבד**, וט' חלקי התחתונים לא יצאו.

ע"ח ש"ג פ"ג מ"ב די"ז ע"ב - ודע כי כל בחינת זו"ן שיש בעולמות כולם נקרא ז' קצוות [נ"א ו"ק] של גוף של אותו עולם, כי כן יצאו בעת אצילות הראשון, שנאצלו חסרים ג"ר לז"א, **ותשע ראשונות לנוקבא**, ואלו הב' צריכים ג' זמנים שהם עיבור, יניקה, ומוחין להשלימם.

לקושיא זאת יש לרב ז"ל תירוץ לקמן, **וגם**[29] האור הזך שהסתלק בהסתלקות הראשונה לפה דא"ק, הסתלק יותר משלשה מקומות מהכלים דשבע תחתונות, והכלים שלהם התעבו בתכלית העיבוי בערך הכלים דג"ר, והסתלקות האור הזך ג' מקומות גרם **שׁהם** יהיו **כלים גמורים**, לכן גם בכלי היסוד לא נשאר רשימו שישמש כזכר לאור המלכות המתלבש בו, והוא גם כן כלי גמור. בפרק[30] ה' דשער העקודים הרב ז"ל ביאר כי בהסתלקות האור הזך בהסתלקות הראשונה, בכל כלי נשאר רשימו, כאן מבואר כי בכלים התחתונים לא נשאר שום אור, אפילו לא האור דרשימו. **צריך לדעת** כי ב' השמועות הם אמת, בשער העקודים מדובר על אור הרשימו שנשאר חופף על הכלי לפני שהאור הזך מסתלק יותר הג' מקומות ממקום האור העב והגס, וכאן בפרקין מבואר שלא נשאר אפילו אור הרשימו, הוא כאשר האור הזך הסתלק יותר מג' מקומות ממקום האור העב והגס, **ובכל השבע תחתונות אין בהם** אפילו את

אור הרשימו שנשאר בהסתלקות הראשונה, כי נתעבה ונתגשם אור הרשימו כשהאור הזך התרחק ממנו ג' מדרגות, כי אפילו[31] שהאור הזך התרחק ג' מדרגות לא שלמות מהרשימו דבינה, עם כל זאת הרשימו דבינה נתעבה ונחשך על אחת כמה וכמה ברשימו דשבע תחתונות, והאור שנמצא בשבע תחתונות הוא **רק אותו** האור **שׁנכנס מחדש** בהתפשטות השניה. לכן בשבע התחתונים אין מציאות של אור הרשימו המתלבש באור המתפשט בהתפשטות השניה, כמו בכלי הכח"ב, **ונמצא**[32] כי[33] בהתפשטות השניה **אור הגבורה נכנס** בכלי דחסד, וכן על

29

בית לחם יהודה ש"ז פ"ד — וגם שהם כלים גמורים ואין בהם אור. כי גם הרשימו שבהם הוא מתעבה ונגלם בהתרחק ממנו האור ג' מדרגות, ואינו נקרא עוד בשם אור, וכמבואר בסוף פרק ג' דלעיל, וז"ל - והתשובה הוא שכבר ביארנו שזה האור של הבינה)שהוא הרשימו(אינו אור גדול, אחר שיש ג' מרחקים בינו ובין האור, אף על פי שאינם ג' מרחקים גמורים וכו'. הרי מבואר מזה שאפילו אור הרשימו כל הבינה נחלש כחו בהתרחק ממנו האור ג' מרחקים שאינם גמורים, וכל שכן אור הרשימו דשבע תחתונות, ולכן אמר רז"ל אין בהם אור וכו'. ועיין עוד בדברינו בפרק ג' דלעיל, בד"ה, ואז אור הכתר וכו'. ומעתה אין עוד מקום לקושיית הרב יפה שעה שבסמוך.

30

ע"ח ש"ו פ"ה מ"ת דכ"ו ע"ד — ונבאר עתה ענין חזרתם והסתלקותם למעלה, איך על ידי כך נעשו הכלים. והענין הוא כי כאשר נתעלו האורות למעלה, נשאר למטה האור העב והגס, שהוא בחינת הכלי כנ"ל. **והנה יש בטבע האורות להשאיר רושם שלהם שלם למטה, במקום שהיו שם בראשונה**, ולכן כל האורות האלו בעת עלותם **הניחו רשימו למטה** במקום שהיו שם בראשונה. כיצד, הנה הכתר הניח רשימו להאיר אל החכמה, וכן חכמה לבינה, ובינה לז"א, וז"א לנוקבא, כי לעולם בטבע העליון להאיר לתחתון, ויש לו חשק להאיר בו כמו חשק אמא לבנים, ולכן מניח ומשאיר רשימו בו. נמצא שכולם מניחין רשימו חוץ מן המלכות, כי אין ספירה אחרת תחתיה להאיר בה, ולכן אין המלכות משארת רשימו למטה.

31

ע"ח ש"ז פ"ג מ"ק דל"ב ע"ד — ואם כן איך תעשה הבינה שהיא השורש נקבה, אל זה אור המחודש שהוא מחכמה. והתשובה הוא שכבר ביארנו שזה האור של הבינה **אינו אור גדול, אחר שיש ג' מרחקים בינו ובין האור כנ"ל, אף על פי שאינם ג' מרחקים גמורים**.

32

תרשים ד – ו.

33

שער ההקדמות, דרוש א' בענין מטי ולא מטי דט"ו ע"ב — והנה שבעה ספירות תחתונות, לא היה בהם בחינת זכר ונקבה, כמו שהיה בשלשה ראשונות, לפי שאלו השבע כולם זכרים כנודע. וגם כי כבר נעשו כלים גמורים בעת הסתלקות האורות כנזכר לעיל. אומנם כך היה ענינם, כי אור הגבורה נכנס בכלי החסד, כי גם הוא זכר כמוהו, ואור התפארת נכנס בכלי הגבורה, ואור נצח בכלי התפארת, ואור הוד בכלי הנצח, ואור יסוד בכלי ההוד, ואור המלכות בכלי היסוד.

דרך זה בכולם, אור התפארת נכנס בכלי הגבורה, אור הנצח נכנס בכלי דתפארת, אור ההוד נכנס בכלי דנצח, אור היסוד נכנס בכלי ההוד, **עד**[34] **שֶׁנִּמְצָא כי אור הַמַלכות** נכנס **בִּכְלִי שֶׁל יֱסוֹד**, וזה אי אפשר, כי[35] לא יהיה כלי גבר על אישה. **וּבְכָאן יֵשׁ**[36] את אותה **קוּשִׁיָא רִאשׁוֹנָה** שעלתה בפרק[37] ג' דשער זה **גַּם כן** כאן בכלי היסוד **אֵיך יֵעֲשֶׂה מֵזָּכָר נִקֵבָה** כי בכלי החסד שהוא זכר, נכנס אור המלכות שהוא נקבה, **וכֵן**[38] **יֵשׁ עוֹד קוּשִׁיָא, והיא**[39] כלי המלכות נשאר ריקם בלי אור, וזה אי אפשר, כי צריך אור אחר להתלבש בכלי המלכות· את[40] ב' הקושיות האלו הרב ז"ל מתרץ בתירוץ אחד· **אַךְ**[41] **דע**[42] כי כמו שהזכר והנקבה שבכלי החכמה

34

ע"ח ש"ז פ"ב מ"ק דל"א ע"ד – ואמנם לעיל ביארנו כי הסתלקות הראשונה של האורות, היה כדי לעשות כלי, והנה כאשר חזרו האורות לבא פעם שניה בהתפשטות שניה, הנה היו חוזרים הכלים להתבטל כעת הראשון, לכן הוצרך שישאר אור הראשון שבכולם, שהוא אור הכתר למעלה, ולא יכנוס בכלים אלו, ולא באו רק תשע אורות לבדם. על הסדר זה, אור החכמה בכלי של הכתר, ואור בינה בכלי של חכמה, וכן על דרך זה **עד שנמצא שאור מלכות נכנס בכלי יסוד**. ועתה אחר שלא חזר אותו אור הראשון הנוגע אליו, אשר תחלה נסתלק ממנו, אלא הגיע לו אור אחר זולתו קטן ממנו, על כן נשארו הכלים בבחינת כלים, ולא חזרו להיות אורות כבראשונה.

35

דברים כ"ב ה' – לא יהיה כלי גבר על אשה ולא ילבש גבר שמלת אשה כי תועבת הוי"ה אלהי"ך כל עשה אלה.

36

כרם שלמה ש"ז פ"ד אות א' – ומה שכתב עוד, ובכאן יש קושיא ראשונה וכו'. ר"ל כמו שהקשנו לעיל בריש פרק ג', אם כן קשה, כי העולמות נהפכו, כי במקום דוכרא נכנס הנוקבא, ובמקום הנוקבא נכנס דכרא וכו'. וכאן גם כן יש קושיא זאת גם כן, כי המלכות היא נקבה שהיא פרצוף אחד לבדה, לבד מפרצוף הז"א שהוא זכר, כי ה' פרצופים הם, כח"ב וז"א ונוקבא, ואם כן איך נכנסת אור המלכות שהיא נקבה בכלי היסוד, שהוא מכלל פרצוף הז"א, שהוא פרצוף זכר.

37

ע"ח ש"ז פ"ג מ"ב דל"ב ע"ב – והענין כי הלא צריך שתבין כי אחר שבארנו שבאים עתה האורות מחולפים, נמצא כי אור החכמה ניתן בכתר, ואור הבינה ניתן בחכמה, ואור החסד ניתן בבינה. אם כן קשה, כי העולמות נהפכו, **כי במקום דכורא נכנס הנוקבא, ובמקום הנוקבא נכנס דכורא.**

38

כרם שלמה ש"ז פ"ד אות א' – וגם כאן יש קושיא אחרת, והיא מבוארת שם בשער ההקדמות, שכלי המלכות נשארת ריקנית, הואיל והאור שלה נכנס בהיסוד, זמנין לה אור אחד להכנס בה.

39

שער ההקדמות, דרוש א' בענין מטי ולא מטי דט"ו ע"ב – ועוד, כי הנה עתה כלי המלכות נשאר ריקם, בלי אור.

40

כרם שלמה ש"ז פ"ד אות א' – הרי כי כאן ב' קושיות, ובא לתרץ אותם בתירוץ אחד. והוא, כי הזכר והנקבה של כלי הבינה נזדווגו, והולידו אות ה' אחת, ונחלקה לב' חלקים, שהם אות ו' ואות ד'. כי כן הוא צורת ה', ד"ו, ומה שהולידו אות הה' מפני שהיא דוגמת הבינה, שהיא ה' ראשונה. וה' של הה' זאת הלכה ונכנסה בכלי היסוד, כדי לעשות שם בחינת זכר לאור של המלכות שנכנס שם, ונעשים שם בחינת זכר ונקבה, כמו הג' ראשונות, שהם הכח"ב. וה**ד'** הלכה ונכנסה בכלי המלכות שהיא ריקנית מן האור שלה. ובא ה**ד'** ומלא כלי המלכות, ונעשית בה אור כשאר הספירות.

41

יפה שעה)א(– אך דע שלכך הוצרכו דכורא ונוקבא שבבינה להזדווג והוציאו כו'. תימא ולמה לא נעשה רשימו של היסוד הנשאר בו מתחלה, בעת הסתלקות האורות בחינת זכר, ואור המלכות הנכנס בו בחינת נקבא

הזדווגו, והולידו[43] אור חדש הנקרא אות י', והוא[44] כדוגמת ספירת החכמה הנקראת אות י', האות הראשונה שבשם הוי"ה. כאשר האור החדש הזה הנקרא אות י' משמש כבחינת הזכר בכלי הבינה, והרשימו דבינה הוא בחינת הנקבה שבכלי הבינה. **שלכן**[45] **הוצרכו זכר ונקבה שבבינה להזדווג**[46]**, להוציא** אור חדש

אליו. והוא ממש כדרך הנעשה בכתר, שרשימו הכתר הנשאר מבראשונה נעשה דכר, ואור החכמה הבא מחדש נעשה בחינת נוקבא אליה. וכן בחכמה, רשימו דחכמה הנשאר מבראשונה נעשה דכר, ואור הבינה הבא מחדש נעשה בחינת נקבא אליו. דכוותא היה יכול להיות בכאן שרשימו היסוד נעשה דכר, ואור המלכות הבא מחדש ונכנס בו יעשה נוקבא אליו, ולא יצטרך לזה הזווג שבבינה. ואם בשביל כדי להוליד אור למלכות היו יכולים להזדווג דכורא ונוקבא שביסוד.)ולעניות דעתי זה לא קשיא, שהרי אין ענין זה נעשה בכח"ב, אלא מכח שלא היה עדיין כלים להם, לזה הוצרך הרשימו הנזכר דכתר וחכמה להיות נכנסים תוך אור החכמה העולה תוך כלי הכתר, כנזכר לעיל פרק ג' וז"ל - דמחמת התרחקות אור משם, וגרם לו גרמת חושך, ועוד כי אפילו המובחר ממנו מסתלק ומתלבש תוך אור החכמה הנכנס שם, ואז נגמר אור הראשון הנעשה מן הכתר, ונעשה כלי, כי אור החכמה מפסיק ביניהם יע"ש. ולהיות דאין כלי נכתר עדיין לזה הרשימו דכתר נכנס תוך אור החכמה, ונעשה שם דכר ונוקבא, וכן בחכמה, לא כן ביסוד, דאופן הכלי שלו הוא בהתרחק האור משם ג' מרחקים כנזכר לעיל שם. לזה אין מבחינת רשימו דיסוד נכנס תוך אור החכמה. וכן נראה מדברי רבינו דכתב בריש פרקין וז"ל - אמנם בשאר הספירות לא היה בהם שום מציאת זו"ן, כי כולם זכרים, וגם שהם כלים גמורים, ודו"ק ופשוט. ועוד דאין אפשר ביסוד להיות הכח ברשימו דהוא בעצמו, אין בו אור אלא רשימו שבחמשה קצוות היורדים בו, ומשם הוא עיקר עשיית היסוד. ועיין שער העקודים פרק ג', ושער הנקודים פרק ה', ועיין במבוא שערים בסופו, דרוש סוכות. שמן ששון(.
42

שמן ששון ש"ז פ"ד אות א' דט"ו ע"ד – אך דע שלכך הוצרכו דכרא ונוקבא שבבינה להזדווג, והוציאו ה' אחת וכו'. עיין בספר יפה שעה דף י"ב ע"ב ד"ה אך כו'. והקישא וז"ל - תימה ולמה לא נעשה רשימו של היסוד הנשאר בו מתחילה בעת הסתלקות האורות בחינת דכר, ואור המלכות הנכנס בו בחינת נוקבא אליו, והוא ממש כדרך הכתר והחכמה. ולא יצטרך לזה הזווג שבבינה, היו יכולים להזדווג דכורא ונוקבא שביסוד, יע"ש שהניחו בתימה. ולעניות דעתי זה לא קשיא, שהרי אין ענין זה נעשה בכח"ב אלא מכח שלא היו עדין להם כלים, לזה הוצרך הרישימו הנזכר דכתר וחכמה להיות נכנסים תוך אור החכמה העולה תוך כלי הכתר כנזכר לעיל בפרק ג' וז"ל דמחמת התרחקות אור משם, וגרם לו גרמת חושך, ועוד כי אפילו המובחר ממנו מסתלק ומתלבש תוך אור החכמה הנכנס שם, ואז נגמר אור הראשון הנעשה מן הכתר, ונעשה כלי, כי אור החכמה מפסיק בניהם, יע"ש. ולהיות דאין כלי בכתר עדיין לזה הרשימו דכתר, נכנס תוך אור החכמה, ונעשו שם דכרא ונוקבא, וכן בחכמה. לא כן ביסוד, דאופן הכלי שלו הוא בהתרחקות האור משם ג' מרחקים כנזכר לעיל שם, לזה אין בחינת רשימו דיסוד נכנס תוך אור המלכות, כן נראה מדברי רבינו דכתב בראש פרקין וז"ל - אמנם בשאר ספירות לא היה בהם שום מציאות זכר ונקבה, כי כולם זכרים, וגם שהם כלים גמורים, ודו"ק, ופשוט. ועוד דאין אפשר להיות ביסוד להיות הכח בו רשימו, דהוא בעצמו אין בו אור אלא רשימו שבחמשה קצוות היורדים בו, ומשם הוא עיקר עשית היסוד, ועיין שער העקודים פרק ג', ושער הנקודים פרק ה', ועיין במבוא שערים בסופו, דרוש סוכות.
43

ע"ח ש"ז פ"ג מ"ק דל"ב ע"ד – ולזה צריך אותו הפיכת פנים בפנים שביארנו למעלה, שהופכת חכמה פניה למטה בעת שניתנין אליה)נ"א קודם שניתנין( )הח' אורות, **ואז מזדווגים שם במקומן זכר ונקבה של חכמה**, ומוציאין על ידי זווגם **אור אחד הנקרא יו"ד**, ואז ניתן למטה בהפיכת פניהם לבינה, ואז אותו היו"ד מתלבש תוך אור הבינה על דרך)נ"א בדרך(האחרות, ונעשה הי' זכר, והבינה נוקבא.
44

ע"ח ש"א ענף ה' מ"ב די"ד ע"ד – וכן אם נחלק העשר ספירות בכל פרצוף ופרצוף, תהיה גם הוי"ה שבפרצוף ההוא בפרטות על דרך הכללות. כי קוצו של יו"ד הוא הכתר, שהוא יו"ד גלגלתא שבפרצוף ההוא. וי' חכמה, וה' בינה שבפרצוף, והם ב' מוחין ימין ושמאל. וו' הוא עיקר הגוף, ו"ק שבפרצוף ההוא. וה' אחרונה הוא מלכות שבאותו פרצוף.
45

הנקרא אות ה' **אז"ד דוגמתה** של הבינה, הנקראת אות ה' עילאה שבשם הוי"ה, **ונׁזׁדלׁק** האות[47] ה' שנולדה מזיווג הזכר והנקבה שבכלי הבינה **לב'** חלקים, **שׁהם** אותיות[48] **ד"ו**, ר"ל אות ד' ואות ו', **ואות**[49] **ו'** של אות ה' **נׁכנסה**[50] **בכלי יסוד** לשמש **בסוד** הׁזכר **של**[51] אור **מלכות אשר** התפשט בהתפשטות השניה והתלבש **שׁם** בכלי היסוד, בסוד[52] הפסוק[53] צדיק כתמר יפרח, **כי יותר גׁבוה כמה**

שער ההקדמות, דרוש א' בענין מטי ולא מטי דט"ו ע"ב – לכן הוצרך שהזכר ונקבה דכלי הבינה יזדווגו גם הם, והולידו אור חדש, ונקרא אות **ה'**, דוגמת הבינה הנקראת אות **ה'** עילאה כנודע. וזו **הה'** נחלקה בציורה לשני אותיות **ד"ו** כנודע, ואות **ו'** ירד לכלי היסוד, ונעשה בחינת זכר אל אור המלכות שנכנס שם, שהיא נקבה. וזהו סוד מה שאמרו בספר הזהר על פסוק צדיק כתמר יפרח, מה תמר סליק דכר ונוקבא כחדא וכו', והבן זה. ואות **ד'** ירדה אל כלי המלכות, והרי נשלמו כל העשר ספירות דעולם העקודים.
46

תרשים ד – ז.
47

תרשים ד – ח.
48

לאות ה' ג' ציורים, והם ד"ו ד"י ותלת ווי"ן, כאן הציור דאות ה' הוא ד"ו.
תרשים ד – ט.

ע"ח ח"ב שט"ל פ"ה דע"א ע"ד – ונבאר ענין ציורין אלו, שהנה נודע שאות ה' בציור ד"ו מורה על בחינת הבינה אשר היא מתעברת בבן זכר בתוכה, ובהיות הזכר בתוכה אינו רק בחינת ו"ק, **לכן צורתה ד"ו** ד' על ו', גם הד' רומזת אל הנוקבא אשר שם היא עמו, בבחינת עטרת בעלה, ששם הוא עולם הבא, אשר צדיקים יושבין ועטרותיהן בראשיהן, וזהו ד' על ו' גם כן. אמנם אחר שנולד ויצא ממנה בסוד ו' שבשם הוי"ה, ואז יונק משדי אמו בהיותו בחוץ, ועל כן בחינה זו דיניקה אינה רמוזה באות ה', רק בחינת עיבור א', שהוא בתוך אמו, שהוא ה' בצורת ד"ו. אחר כך הוא בחינת עיבור ב', לתת לו מוחין, ונשלם ז"א לי"ס, וזה נרמז בה' שצורתה ד"י שהוא ד' על י', ועל כן אנו מציירין ההי"ן הללו ד"ו ד"י, ונותנין מעתה כח אל הטפה הנ"ל, הנמשכת עתה דרך שם, כדי שיהיה כח אחר כך בולד שהיא הנשמה, להיות בב' עיבורים הנ"ל, הא' והב', אלו הם בחינות ק' ברכאן שמקבלת הטפה בעוברה דרך ב"ן, זה שבבינה ביסוד שבה, ואחר כך יורדת בחינה זאת בז"א עד היסוד שבו.

שער הכוונות, דרושי תוספת שבת, דרוש ג' – ולכן עתה הוא זמן תוספת הרוח, ומה שתכוין בברכו את הוי"ה המבורך, הוא שתכוין במלת המבורך שהיא ה' מ"ב ר"ך. פירוש, כי אות **הה'** תעשה בחינת מ"ב, ובחינת רך, והענין הוא כי הנה ג' מיני ציורים מצטיירת אות ה' והם ד"י, **ד"ו, וו"ו**.

שער הכוונות, דרושי פסח, דרוש ה' – ולכן מצה היא בגימטריא ע"ב ס"ג, שהם סוד חו"ב שתי המוחין. ואמנם היו שלשה מצות לפי שאות ה' יש בה ג' ציורים או **ד"ו**, או ד"י, או וו"ו, כנודע.
49

כרם שלמה ש"ז פ"ד אות א' – **והו'** של **הה'** זאת הלכה ונכנסה בכלי היסוד, כדי לעשות שם בחינת זכר לאור של המלכות שנכנס שם, ונעשים שם בחינת זכר ונקבה, כמו הג' ראשונות, שהם הכח"ב. **והד'** הלכה ונכנסה בכלי המלכות שהיא ריקנית מן האור שלה. ובא **הד'** ומלא כלי המלכות, ונעשית בה אור כשאר הספירות.
50

תרשים ד – י.
51

הגהות וביאורים)ז(– נוסח אחר אל.
52

מדרגֹות הוא אות ו' זו היוצאת מזיווג הזכר ונקבה דכלי הבינה **מן אור המלכות** שֹמתלבש בכלי היסוד, **לכן** אות ו' ואור המלכות **הם זכר ונקֹבה** שבכלי היסוד, אות ו' הזכר, ואור המלכות הנוקבא דליה. **ואזֹר כך אות ד'** הנמשך[54] מזיווג זכר ונקבה דכלי הבינה **ירדֹה בכלי המֹלכות והשֹלֹימה** והאירה **שֹם** אות ד' **במֹקֹומֹה** בכלי המלכות שהיה ריק מכל אור. **והטעם** שהמלכות נקראת אות ד' היא מלשון[55] דלה ועניה, ולֹית[56] לה מגרמה כלום, **ועוד טעם** שהמלכות נקראת אות ד' והוא, כי בחינת המלכות עומדת[57] מאחורי ד' הספירות התחתונות דז"א שהם תנה"י[58]. **הרֹי**[59] נמצא **כי בֹד' בזֹיוֹֹנֹות יֵש בהם**

ע"ח ח"ב שכ"ח פ"ב די"ח ע"ג – וענין זווג א"א הוא זה, כי הנה נתבאר לעיל כי אין בא"א רק תשע ספירות לבד, ולא נזכר בו בחינת מלכות, האמנם היסוד שבו כלול מזכר ונקבה, כדמיון התמר הכלול מזכר ונקבה, בסוד צדיק כתמר יפרח, הנזכר בזוהר.

ע"ח ח"ב שמ"ו פ"ג דק"ג ע"ג – כי היסוד לעולם כלול מזכר ונקבה, כנזכר בזוהר פרשת לך לך, בפסוק צדיק כתמר יפרח, מה תמר לא סליק אלא זכר ונקבה. והנוקבא שבו בחינת העטרה של ראש היסוד כנודע, כי אין העטרה בחינת מלכות עצמה, כי המלכות אינה רק פרצוף בפני עצמו נקרא רחל אשת יעקב, אמנם העטרה הוא בחינת מלכות כללות ספירות דדכורא כנודע, כי מבשרי אחזה אלו"ה.

ספר הזהר, לך לך דפ"ב ע"א תרגום וביאור – **רבי יצחק פתח ואמר, צדיק כתמר יפרח כארז בלבנון ישגה, צדיק כתמר יפרח, מפני מה אקיש צדיק לתמר** מפני מה מקיש ומשווה הכתוב את הצדיק לתמר יותר משאר האילנות, **מה תמר כיון דגזרין ליה** כמו עץ התמר כיון שקצצו אותו, **לא סליק עד זמן סגיא** אינו עולה ומתגדל ולא חוזר לגבהו הראשון זמן רב, **אוף הכי צדיק** כמו כן הצדיק, **כיון דאתאביד מעלֹמא** כיון שנאבד ונסתלק מן העולם, **לא סליק אחר תחותוי עד זמן סגיא** אין צדיק אחר עולה מיד תחתיו למלא מקומו כי אם אחר זמן רב. **כארז בלבנון ישגה** ומקיש את הצדיק לעץ הארז כיון שקצצו אותו, **אוף הכי נֹמי** גם הוא גודל אחר זמן רב. **כתמר יפרח, מה תמר לא סליק אלא דכר ונוקבא** כמו שתמר אינו עולה ואינו מגדל פרי אלא אם נמצא באילן זכר ונקבה, **אוף הכי צדיק לא סליק אלא דכר ונוקבא** כמו כן הצדיק אינו עולה אלא בסוד היסוד והעטרה שלו, **דכר צדיק** הזכר צדיק והוא סוד היסוד, **ונוקבא צדקת** ועטרת היסוד היא הנקבה המושרשת במלכות.
53

תהילים צ"ב י"ב ג – צדיק כתמר יפרח כארז בלבנון ישגה.
54

שער ההקדמות, דרוש א' בעניין מטי ולא מטי דט"ו ע"ב – ובזה יובן מה שאמרו בספר הזהר והתיקונים בהרבה מקומות, כי המלכות נקראת אספקלריא דלא נהרא מגרמה כלום, והוא לב' סיבות. האחד הוא, **כי האור העיקרי שבה נסתלק ממנה, ונשאר בכלי היסוד**, ולזה אמר דלית לה מגרמה כלום. ולא עוד, **שאפילו בחינת אור רשימו לא הניח בה**, כמו שהניחו שאר האורות בכלים שלהם בעת הסתלקותם כנזכר לעיל, ולא נשאר בה אור כלל מעצמה. רק **אור אחד חדש, שהוא אות ד' הנזכר, שנמשך מזיווג דכר ונוקבא שבבינה**. והבן היטב טעם היות נקראת המלכות אות ד', ונקראת דלה ועניה, ויובן עם הנזכר לעיל.
55

גמרא שבת דק"ד ע"א – אל"ף בי"ת, אלף בינה. גימ"ל דל"ת, גמול דלים. מה טעמא, פשוטה כרעיה דגימ"ל לגבי דל"ת, שכן דרכו של גומל חסדים, לרוץ אחר דלים.
56

ע"ח ש"ו פ"ה מ"ת דכ"ז ע"ב – ונתחיל לפרש העניין, הנה אור המלכות לא השאיר רשימו, וכל בחינתה נסתלקה כולה ועלתה. וזה הטעם שנקראת מלכות **אספקלריא שאינה מאירה דלית לה מגרמה כלום**, כי לא השאיר בה שום רושם, אך מן הרשימו שנשאר ביסוד לבדו מאיר גם כן אליה. עוד יש טעם אחר אל הנזכר והוא מה שהתבאר לעיל, כי כאשר חזרו האורות לירד, נשאר כתר דבוק במאציל ולא ירד כלל, נמצא שהחכמה חזרה למקום הכתר כו', ומלכות במקום היסוד, ונשאר כלי של המלכות בלתי אור כלל, ולכן נקרא כלי של מלכות אספקלריא דלא נהרא.
57

זכר ונקבה, והם בכלי ה**כתר**, בכלי ה**חכמה**, בכלי ה**בינה** ובכלי ה**יסוד**, כאשר **בכלי הכתר**
הזכר הוא הרשימו דכתר, והנקבה הוא אור החכמה המתפשט בהתפשטות השניה. **בכלי החכמה** הזכר הוא הרשימו
דחכמה, והנקבה היא אור הבינה המתפשט בהתפשטות השניה, ומתלבש בכלי הכתר. **בכלי הבינה** הזכר הוא האור
החדש הנקרא אות י' הנולד מזיווג הזכר והנקבה דכלי החכמה, והנקבה היא אור הרשימו דבינה, המתלבש בכלי החכמה,
וכן נמצא בכלי הבינה אור החסד המשמש כמ"ן. **בכלי היסוד** הזכר הוא האור החדש הנקרא אות ו' הנולד מזיווג הזכר
והנקבה דכלי הבינה, והנקבה היא אור המלכות המתפשט בהתפשטות השניה, ומתלבש בכלי היסוד. **והוא לטעם**
קושיא הנזכר לעיל שיש **באלו הארבע** ואין עתה את החשש של לא יהיה כלי גבר על אישה
ולא ילבש גבר שמלת אישה, **מה שאין כן בשאר**, לפי שבכלים דחסד, גבורה, תפארת, נצח, הוד התלבש
בכל אחד מהם אור דבחינת הזכר, ובכלי המלכות שהוא בחינת נקבה, התלבש האור החדש הנקרא אות ד' שהוא בחינת
נקבה.

בדרושים הקודמים התבאר כי[60] רק אור החכמה, שהוא בחינת הנקבה דכלי הכתר מסתלק למאציל בסוד לא מטי בכתר,
ועד עתה לא התבאר מה נעשה עם אור הרשימו דכתר. כאן הרב ז"ל **מוסיף פרטים**[61] ומבאר איזה אור באמת מסתלק,
ואת הסיבה והטעם שהאורות דכלי הכתר מסתלקים למאציל בסוד לא מטי בכלי הכתר, ועוד קושיות ותירוצים לבחינת
מטי ולא מטי בכלי הכתר. **ועתה צריכין אנו לבאר מציאות** של **לא מטי** ב**כלי הכתר**,
כאשר האור הנמצא בכלי הכתר מסתלק למאציל **מה ענינו** וטעמו, **והענין** הוא **כי אזור שבארנו**
שיש בכלי[62] **של כתר** ב' אורות, אחד הוא אור ה**זכר**, והשני אור ה**נקבה, והם** הרשימו

ע"ח ח"ב שמ"ו פ"ב דק"ג ע"א – ואחר שנתבאר ענין הכסא שהוא אותן הד' אורות, נבאר עתה ענין מיעוט
הירח, והוא כי הנה בתחלה היתה הנוקבא במקומה למעלה באחורי ז"א מהחזה ולמטה, **שהם ד' ספירות**
תנה"י דז"א, ובעת מיעוט הירח נטרדה ממקומה העליון שבאצילות, וירדה למטה בהיכל קודש קדשים
דבריאה.
58

תרשים ד – י"א.
59

תרשים ד – י"ב.
60

ע"ח ש"ז פ"ב מ"ק דל"ב ע"א – והנה כאשר התחילו האורות לכנוס בכלים, אז נכנסו התשע אורות בכתר,
וזה נקרא מטי בכתר כנ"ל. **ואחר כך נסתלק אור המגיע לכתר, שהוא אור החכמה, וזה נקרא לא מטי**
כנ"ל. ואין להאריך בזה כי כבר הארכנו לעיל בחינת מטי ולא מטי די ספוקו.
61

כרם שלמה ש"ז פ"ד אות ב' – ועתה צריכים אנו לבאר וכו'. עכשיו בא לפרש פירוש של לא מטי בכתר, מה
הוא הפירוש שלו, כי באמת היא שפירושו הוא כי עולה האור של הכתר, ומסתלק למעלה. צריכין אנו לידע
למה עולים למעלה, מה התועלת יש להם בעלייה זאת, ומי הוא העולה, אם אור החכמה או אור הרשימו של
הכתר, או שניהם יחד, ואם כולם או מקצתם, פירוש כל העשר ספירות של הרשימו ושל החכמה, או מקצתם,
ולהיכן עולים, והיכן יושבים כשעולים, ומי יונק קודם הרשימו או אור החכמה, ואם מפני לינק עולים למה לא
יורד השפע ממקומו ויגיע אליהם כשעדיין הם יושבים במקומם, ולא יצטרכו לגלות ממקומם. ואחר שעולים מי
הגורם להם לחזור ולירד, ואיך חפצים לירד אחר שהם יונקים למעלה אור גדול. וכל זה הוא ביאר כאן בקיצור
גדול.
62

כרם שלמה ש"ז פ"ד אות ב' – כי פירוש של לא מטי בכתר הוא, שהזכר והנקבה שיש בתוך כלי הכתר,
שהם הרשימו של הכתר שנעשה זכר שם, ואור החכמה העיקרי שנעשה נוקבא שם, ואלו הם מה שקרא אותם
כאן כתר וחכמה. ואלו הם צריכים לעלות אל השורש שלהם לינק משם.

ד**כתר** והוא הזכר, ואור ה**חכמה** המתפשט בכלי הכתר בהתפשטות השניה, והוא הנקבה, **וצריך לדעת** כי כאשר האור לא מטי בכלי הכתר, לא רק אור החכמה מסתלק לפה דא"ק, כמו שמבואר בדרושים הקודמים, אלא ב' האורות ה**אלו** שנמצאים בכלי הכתר, שהם אור הרשימו דכתר ואור החכמה, וב' האורות האלו **צריכין לעלות** למאציל **אל שורשם** כדי ל**ינק משם** שפע ומוחין. כל[63] העשר שרשים דעולם העקודים, שהם בחינת העשר ספירות שבמלכות דפה דא"ק, פניהם כלפי מטה להאיר בעולם העקודים, שהוא בחינת הענפים שלהם, והארה הזאת נעשית דרך אור הכתר[64] הנמצא תוך פה דא"ק מתחת למלכות דשרשים. גם הכתר דשרשים מאיר לאור הכתר דעקודים הנמצא תוך פה דא"ק, כי גם הוא מבחינת ענף בערך השרשים. כי לעולם חשק השורש להאיר לענף, כמו חשק האב להאיר לבנים. וכאשר האורות דעקודים רואים כי השרשים שלהם, הנמצאים תוך פה דא"ק, פניהם כלפי מטה, אל עולם העקודים, ומאירים להם, חשקם ותאוותם של האורות דעקודים לעלות למעלה, אל השרשים, ולקבל שפע מהם, והשפע[65] שמקבלים התחתונים הוא על ידי אור הכתר הנמצא תוך פה דא"ק, והוא אמצעי[66] בן המאציל לנאצלים, **ואמנם וזשק הזה שיש להם** ר"ל לעקודים **ליקחז אור**[67] **בן השורש שלהם** שהם[68]

63

שער ההקדמות, דרוש ג' בענין מטי ולא מטי דט"ז ע"א – והנה כל העשר שרשים הנזכרים, פניהם כלפי מטה להאיר בעולם העקודים, על ידי אותו הכתר של העקודים שנשאר שם תמיד תחת המלכות של השרשים כנזכר לעיל. וכן הכתר העליון של השרשים, גם הוא חושק להשפיע בכתר של העקודים שעלה שם, כי לעולם חשק השרשים להאיר בענפים, כי הם בניהם, ומאירים בהם די סיפוקם, כדי שגם הענפים שהם ביניהם יזדווגו גם הם, ויולידו תולדות.
64

ע"ח ח"ב שמ"ב פ"א מ"ב דפ"ט ע"ב – וביאור הדבר, כי הנה בהכרח הוא שתהיה מידה אמצעי בין המאציל אל הנאצל, כי יש הרחק ביניהן כרחוק השמים מן הארץ, ואיך יאיר זה בזה, ואיך יברא זה את זה, שהם ב' קצוות, אם לא היה דבר ממוצע ביניהן ומחברם, ויהיה בחינה קרובה אל המאציל, וקרובה אל הנאצל. **והנה בחינה זו הוא כתר**, הנקרא תהו, כי אין בו שום יסוד, כי על כן אינו נרמז בשם הוי"ה כלל, רק בקוצו של יו"ד. אמנם הוא בחינת אמצעי כנ"ל, והוא כי הנה כתר הוא דוגמת החומר הקודם הנקרא היול"י, שיש בו שורש כל הד' יסודות בכח ולא בפועל, ולכן נקרא תהו, כי הוא מתהא מחשבות בני אדם, באמרם הנה אנחנו רואים שאין בו צורה כלל, ועם כל זה אנחנו רואים שהוא נאצל, ויש בו כח הד' צורות. נמצא כי **אפשר לקוראו א"ס ומאציל** כמו שהוא דעת קצת המקובלים, שהא"ס הוא הכתר, **ואפשר לקוראו בשם נאצל** כי ודאי א"ס גדול ממנו, ועל כן הזהירו בו חכמים במופלא ממך אל תדרוש.
65

כרם שלמה ש"ז פ"ד אות ב' – והמעלה אותם הוא, מפני שרואים כי השרשים שלהם הם פניהם פונים למטה לגביהם, ואז יהיה להם חשק לעלות שם, ולינק משם. והוא על ידי האור הכתר העיקרי שנשאר שם כשעלה בהסתלקות הראשון, ונעשה אמצעי לאורות העקודים, וליתן להם שפע על ידו.
66

דעת ותבונה פ"ד דל"ב ע"ב – הכלל היוצא מזה, כי באמת הוא שהנאצל אין בו רק ד' מדרגות, שהם ד' אותיות הוי"ה, והם אבי"ע, והם חו"ב תו"מ, כי לכן התורה התחילה מבראשית, ואין ראשית אלא חכמה, כמאמר רז"ל, ואמרו כן בלשון שלילה, כדי לשלול את הכתר. **אמנם יש בחינה אמצעית, כולל ב' בחינות, מאציל ונאצל, והוא נקרא כתר**, וכתר זה יש בו כללות כל מה שלמעלה ממנו, ואף אם הוא קטן מכולם, ויונק מכולם, ויש בו שורש כל העשר ספירות הנאצלים, והוא משפיע בכולם.
67

שער ההקדמות, דרוש א' בענין מטי ולא מטי דט"ו ע"ב – כלל הדברים הוא, כי בכל האורות הנזכרים, כי לעולם חשקו ותאוותו של התחתון, הוא לעלות אל האור העליון, כאשר עומד האור העליון במקומו.
68

ע"ח ש"ו פ"ה מ"ת דכ"ז ע"ד – ודע כי במלכות של עולם העקודים נשארו בה עשר שרשים של עשר הנקודים, כמו שנבאר בע"ה. ועל דרך זה בכל אצילות, **כי המלכות של השרשים אשר בפה א"ק, היא כלולה מעשר, והם עשר שרשים אל עשר דעקודים**. ובמלכות דעקודים יש עשר שרשים אל עשר ספירות

העשר ספירות של המלכות דפה דא"ק[69], **הוא הגורם להם** לאורות דזכר ונקבה דכלי הכתר **לעלות** לפה
דא"ק, ועומדים[70] תחת אור הכתר דעקודים הנמצא בפה דא"ק[71], **שהרי כל העשר שרשים כולם**
פניהם למטה להאיר באורות ובכלים ד**עקודים הללו** דרך אור הכתר אור מבחינת **חיות**
העולמות, ואז האורות שבכלי הכתר חושקים לעלות לפה דא"ק בסוד לא מטי בכתר, לקבל שפע, ועולים ועומדים תחת
אור הכתר העומד תחת המלכות דשרשים+ כאשר האור לא מטי בכלי הכתר, ועולים הזכר והנקבה דכלי הכתר לפה
דא"ק, ויונקים שפע הראוי להם כפי מעשה התחתונים[72], אם טוב ואם למוטב, **ואמנם אזר ש**הזכר והנקבה

דנקודים,)וכן במלכות דנקודים יש עשר שרשים והם שרשים דעשר ספירות דברודים(, ועל דרך זה בשאר
העולמות.

שער ההקדמות, דרוש ג' בענין מטי ולא מטי דט"ו ע"ד – דע, כי להיות שאלו העשר ספירות הנקראים
עולם העקודים, הם אורות וענפים שיצאו מן הפה דא"ק, כנזכר לעיל. והנה נודע **שבאותה הפה עצמה, תהיה**
בתוכה, בחינת העשר ספירות שבה, ובספירה העשירית שבה, הנקראת מלכות שבה, יש שם עשר
שרשים של אלו העשר ספירות שיצאו לחוץ, הנקראים עולם עקודים. **והם גם כן נקראים עשר ספירות**
מכתר ועד מלכות, והם שרשים לאלו העשר ספירות דעקודים שיצאו לחוץ. כי כן הוא בכל העולמות
כולם.

נהר שלום דכ"ה ע"ה – והנה ענין שם מ"ב הוא זה, **הנה נודע כי כל עולם ופרצוף עליון, הוא מקור**
ושורש למה שלמטה ממנו כנודע, כי במלכות דיצירה נתפשטו עשרה ענפים, מעשר ספירות דיצירה, והם
שרשים לעשר ספירות דעשיה. וכן במלכות דבריאה נתפשטו עשרה ענפים, מעשרה ספירות דבריאה, והם
שרשים לעשר ספירות דיצירה. וכן במלכות דאצילות נתפשטו עשרה ענפים מעשר ספירות דאצילות, והם
שורש עשר ספירות דבריאה. **ובמלכות דעקודים נתפשטו ענפי עשר ספירות דעקודים, והם שורש לעשר**
ספירות דאצילות. וכן על דרך זה מעולם לעולם שלמעלה מנו, עד שנמצא שכולם ענפים מסתעפים מעשר
ספירות דא"ק, שהם שורש ומקור לכל העולמות, והם משורשים ביחידה שלו, **וכל זה בכללות, וכן הוא**
בפרטות, מפרצוף לפרצוף, וכן בפרטי פרטות, מספירה לחברתה. והנה טבע האור העליון חפצו, וחשקו,
ותאוותו, לעלות למקורו ושרשו, להכלל ולהדבק שם כשלהבת קשורה בגחלת, ואם כך יעשה יתבטל מהות
תיקונו, לפיכך שם המאציל לכל בחינה יראה פנימית, שלא יעלה האור ההוא ויכנס פנימה יותר מהראוי לו,
וגם יראה חיצונית וחוק וגבול, שלא ירד למטה, ויצא יותר ממדריגתו. והנה יראה זו היא שם מ"ב, שהוא
בחינת גבורה, כמספר יראה, ושם זה הוא האוחז ומעכב לאור העליון שלא יעלה יותר מהראוי לו, ושלא ירד
יותר מגבולו.
69

תרשים ד – י"ג
70

שער ההקדמות, דרוש ג' בענין מטי ולא מטי דט"ז ע"א – אז הזכר והנקבה שבכלי הכתר של הענפים
העליונים, עולים שניהם למעלה, תחת הכתר שעלה תחת המלכות של השרשים, ושם מקבלים הארתם ממנו.
71

תרשים ד – י"ד.
72

ע"ח ש"ו פ"ז מ"ב דכ"ט ע"א – ואמנם)נ"א כשרצון בעליונים(כאשר יש רצון, ויש כח בתחתונים,
ושלימות לקבל אור העליון של המאציל, אז האורות העליונים חשקם וחפצם להאיר למטה, ועל ידי כך
הופכים פניהם למטה להמקבלים, לירד להאיר בהם דרך פנים בפנים מאירים, ואמנם כשאין שלימות
בתחתונים, והאורות מסתלקים, הם הופכים)נ"א והופכים(פנים אל המאציל, אשר כוונתן לעלות שם,
ומחזירין את אחוריהן נגד המקבלים התחתונים.
ע"ח ש"ז פ"ב מ"ק דל"א ע"ד – גם דע כי שיעור הזמן אשר לא מטי האור בספירה הוא רגע אחד לבד, וזה
סוד כי רגע באפו, כי הסתלקות האור שהוא לא היה מטי מחמת זעם, ואף מחמת התחתונים שאין בהם כח, אך

דכלי הכתר **עוֹלִין** לפה דא"ק **וְיוֹנְקִים מִשָּׁם** שפע כפי צרכם, כפי מעשה התחתונים, ואחרי שהאורות דזכר ונקבה דכלי הכתר קבלו את השפע הראוי להם, **אָז**[73] **אוֹתוֹ** האור של **הַכֶּתֶר דְּעֲקוּדִים הַנִּשְׁאָר** בתוך פה דא"ק **בְּסוֹף הַשָּׁרָשִׁים** תחת המלכות דשרשים, [דל"ג ע"ב 65] **הוּא**[74] **הוֹפֵךְ אֲזוֹרָיו לָהֶם** ר"ל לאורות של הזכר והנקבה דכלי הכתר, ופניו אל השרשים, **וְאָז** האורות של הזכר והנקבה דכלי הכתר **אֵינָם יְכוֹלִים עוֹד לִינַק** מהשפע מאור הכתר הנמצא בפה דא"ק, כי אור הכתר הנמצא תוך פה דא"ק הפך פניו מהם, **וְלָכֵן** הרשימו דכתר ואור החכמה, שהם הזכר והנקבה דכלי הכתר **חוֹזְרִין וְיוֹרְדִין וְנִכְנָסִין בְּכֵלִים שֶׁלָהֶם** בסוד מטי בכתר, **כְּמוֹ שֶׁנִּתְבָּאַר בְּעֲ"ה, וְצָרִיךְ לָדַעַת כִּי**[75] אין באפשרות של האורות דכלי הכתר לקבל את האורות במקומם, ר"ל בכלי הכתר, מפני שלא יכולים לסבול את השפע במקומם, תוך הכלי דכתר, והיו מתבטלים. ♦ הרב ז"ל ביאר **עַד עַתָּה** באופן כללי את ענין ההארה שמקבלים האורות והכלים דעולם העקודים מן השורשים, שהיא בחינת **חִיוּת הָעוֹלָמוֹת**, וכן התבאר באופן כללי עליית הזכר והנקבה דכלי הכתר לפה דא"ק, קבלת השפע וחזרתם לכלי הכתר דעקודים, כאן הרב ז"ל מבאר את הסוגיה בצורה מפורטת. **וּבִיאוּר**[76] **הָעִנְיָן** בפרטות, **כִּי הִנֵּה** כאשר האור מטי בכתר, **כָּל** אלו **הַשָּׁרָשִׁים הָעֶלְיוֹנִים** הנמצאים במלכות דפה דא"ק, **הוֹפְכִין פְּנֵיהֶם לְמַטָּה לְהַשְׁפִּיעַ אוֹר** לעקודים דרך אור הכתר הנמצא בפה דא"ק **בְּסוֹד**[77] זווּיות לבד

המשך בחינת מטי שהוא חזרת האור למטה להחיות העולמות אין בהם שיעור כי **כְּפִי מַעֲשֵׂה תַּחְתּוֹנִים**, כך יהיה וזהו חיים ברצונו, כפי הרצון שידיה אז, ר"ל **כְּפִי מַעֲשֵׂה בְּנֵי אָדָם** כך ימשך זמן החיים ההם.
73

כֶּרֶם שְׁלֹמֹה שׁ"ז פ"ד אות ב' — ולכן בראותם הזכר והנקבה הללו של הכתר, כי הפך אחוריו זה האור של הכתר, שהוא האמצעי ויושב תחת השרשים, ואינו נותן להם עוד האורות, לכן מפני החשק שיש להם לחזור להכלים שלהם, כדי להשפיע להם מאותן האורות שקבלו הם, ולכן חוזרים ויורדים להכלי של הכתר, ואז נקרא מטי בכתר.
74

תרשים ד – ט"ו.
75

כֶּרֶם שְׁלֹמֹה שׁ"ז פ"ד אות ב' — ואלו האורות שעלו וקבלו אותם, לא היו יכולים לקבלם בעודם במקומם בתוך הכלים שלהם, מפני שאינם יכולים הכלים לסבול האורות הללו, וחיישינן שמא יתבטלו אם מקבלים הזכר והנקבה של הכתר, ועדיין הם במקומם למטה בתוך כליהם, מפני שאורות הללו שמקבלים עתה הוא הארה של זיווג, ולא הארה של חיות כמתחלה שהיו נמשכין להם הארה של חיות, ועדיין הם במקומם, ופשוט.
76

כֶּרֶם שְׁלֹמֹה שׁ"ז פ"ד אות ג' — עכשיו בא לבאר בדרך פרטות, מה שביאר קודם לזה בדרך כללות, והוא מה שכתב כי כל השרשים העליונים הופכים פניהם למטה להשפיע וכו' בהשרשים הללו, כבר ביארנו אותם לעיל בריש פרק ג' מה ענינן. וקיצור הוא, כי בהפה של א"ק יש עשר ספירות, ובתוך המלכות של הפה, שהיא ספירה העשירית של הפה, שם יש בחינת עשרה אורות, שהם נקראים שרשים לאלו העשרה ספירות דעקודים, שיצאו מחוץ לפה דא"ק, כי אלו שיצאו נקראים ענפים, ואלו שהם בפנים שבתוך המלכות של הפה נקראים שרשים לאלו הענפים. והנה החיות לאלו העשר ספירות דעקודים הוא נמשך מאלו העשר ספירות של השרשים אשר למעלה, על ידי אור הכתר שנשאר שם כשעלה בעת ההסתלקות. ובא להשמיענו כאן, שאלו השרשים שהם משפיעים לאלו הענפים, שהם העשר ספירות דעקודים, הם כולם הופכים פניהם למטה להשפיע אור של חיות, דהיינו כל שורש אחד הוא ישפיע להענף שלו, והוא יהיה, באותו קבלת השפע, והשאר הם טפלים לו, וזה מה שכתב הכא, והענין כי הנה כל השרשים העליונים הופכים פניהם למטה, להשפיע אור בסוד חיות לבד, ולא לצורך זיווג.
77

שלהם[78] ולא לצורך זווג. אמנם גם שורש של הכתר[79] עליון ר"ל הכתר שבמלכות דפה דא"ק הוא השורש לאור הכתר דעקודים הנקרא הכתר עליון, ונקרא גם כתר דשרשים יש לו זשק להשפיע[80] שפע של מוחין דגדלות למטה לאור הכתר דעקודים הנמצא בפה דא"ק, כי לעולם כל עשר השרשים רצונם[81] וחפצם להאיר בענפים הנזכרים, שהם אור הכתר הנמצא בפה דא"ק, והאורות הנמצאים בגבול עולם העקודים. וצריך לדעת כי[82] הזכר והנקבה דכלי הכתר עולים לפה דא"ק ויונקים שפע מוחין דגדלות, ואחר כך חוזרים ויורדים בחזרה לכלי דכתר, כך פעם אחר פעם, בסוד מטי ולא מטי בכלי הכתר, ואחרי שהזכר והנקבה דכלי הכתר ינקו וסיפוקם די צרכם מאור הכתר הנמצא בפה דא"ק, אור הכתר הנמצא בפה דא"ק מחזיר אחוריו

בית לחם יהודה ש"ז פ"ד – בסוד חיות לבד שלהם ולא לצורך זווג. וזהו בזמן דהוי מטי בכתר כתר העקודים הופך אחוריו למטה, כמו שכתוב בתחילת לשונו. אבל כאשר יהיה אור הכתר לא מטי בכלי שלו, אז יהיו מקבלים שפע גדול משרשיהם לצורך זווג, כמבואר בריש פרק ג' דלעיל, ובשער ההקדמות דט"ז ע"א, לפי שכתר דעקודים הנשאר בסוף השרשים הופך פניו למטה.
78

ע"ח ש"ו פ"ח מ"ב דכ"ט ע"ב – אמנם כשאין התחתונים ראוים, האורות מסתלקים וחוזרין למעלה, שאינם רוצים להאיר למטה. אמנם עם כל זה לא יחפוץ המאציל ב"ה בהשחתת העולם, ומאיר לתחתונים שיעור **חיות, ומזון, ושפע, הראוי לעצמן בלבד**, ולא להוציא תוספת נשמות חדשות, וכיון שהשפעת אור זה בלתי רצונו, הנה הוא ממשיך אליהם אור מחיצוניותו בלבד, שהוא אור מספיק **לחיות העולמות די הכרחן** ולא יותר.
79

תרשים ד – ט"ז.
80

כרם שלמה ש"ז פ"ד אות ג' – ומה שכתב מילת למטה, ר"ל כשהענפים עדיין הם יושבים למטה במקומם קודם שעלו, ושם מקבלים החיות הזה, ולא זו בלבד, אלא גם הכתר של השרשים, הוא גם כן יש לו חשק להשפיע להאיר של הכתר שעלה למעלה וישב תחת המלכות של השרשים, כי גם זה נקרא ענף. וזה מה שכתב כאן אמנם גם שורש הכתר עליון, ר"ל **הכתר של השרשים, יש לו חשק להשפיע למטה, פירוש למטה לאור הכתר, שהוא למטה בערך השרשים**, שהוא למטה מהם. ואף על פי שזה האור של הכתר בלאו הכי הוא למעלה, והייתי סובר שאינו צריך לזה, בא להשמיענו שגם זה מקבל שפע, והוא לטעם הנזכר לעיל, שהשורשים רצונם להשפיע לענפים, וגם זה נקרא ענף, וזה מה שכתב כי לעולם השרשים רצונם להאיר בענפים.
81

גמרא פסחים דקי"ב ע"א – חמשה דברים צוה רבי עקיבא את רבי שמעון בן יוחי כשהיה חבוש בבית האסורין, אמר לו)רבי שמעון לרבי עקיבא(רבי למדני תורה, אמר איני מלמדך, אמר לו אם אין אתה מלמדני אני אומר ליוחאי אבא, ומוסרך למלכות, אמר לו)רבי עקיבא(בני **יותר ממה שהעגל רוצה לינק פרה רוצה להניק.** אמר לו)רבי שמעון(ומי בסכנה, והלא עגל בסכנה, אמר לו)רבי עקיבא(אם בקשת ליחנק היתלה באילן גדול, וכשאתה מלמד את בנך למדהו בספר מוגה.......
82

כרם שלמה ש"ז פ"ד אות ג' – ואם תאמר אם חשק השרשים להשפיע לעולם לענפים, אם כן למה מצינו שפע מטי בכתר ופעם לא מטי, ופירושו הוא שפעם עולים הזכר ונקבה שבכתר ויונקים משם, ופעם חוזרים ויורדים למקומם ואינם יונקים, מי מעקב להם שיורדים ואינם יונקים. לזה כתב אך סיבת הדבר הוא אור הכתר בסוף אותם השרשים כולן, הופך אחוריו למטה, ואז כראות השורש העליון בכתר העליון כי אור הניתן שם אינו משפיע למטה, אז הוא אוסף חלקו למעלה, כמו שכתוב הצדיק אבד, ר"ל כי אור של הכתר הוא מעקב זאת, כי על ידו יהיה הדבר הזה. וטעם הדבר מפני שהוא משער ורואה כי אי אפשר עוד לזכר ונקבה של כלי הכתר לקבל, כי אינם יכולים לקבל עוד, כי כבר קבלו די סיפוקם בפעם הזאת, עד שיגיע זמן אחר אחר כך, ויקבלו אחר כך עוד על ידי שעולים בפעם אחרת. ולזה אוסף השפעתו, ואינו נותן להזכר ונקבה של כלי הכתר שעלו אליו.

אל הזכר ונקבה דכלי הכתר, וכאשר נפסק השפע אליהם, הם חוזרים בחזרה לכלי דכתר הנמצא בגבול עולם העקודים, ואז גם השורש של אור הכתר מפסיק להשפיע לאור הכתר, **אך**[83] **סיבת הדבר הוא היות ואור הכתר** הנמצא **בסוף אותן השרשים כולן,** רואה כי אי אפשר לזכר והנקבה דכלי הכתר לקבל עוד שפע ומוחין, אז הוא **הופך אזוריו למטה** כלפי הזכר ונקבה דכלי הכתר, ופניו כלפי השרשים, ומפסיק להשפיע לזכר ונקבה דכלי הכתר, כי קבלו די סיפוקם וצרכם, ועתה הם צריכים עתה לחזור לכלי הכתר, **ואז כראות השורש העליון** שבכתר **עליון** ר"ל הכתר דמלכות דשרשים, שהוא השורש של הכתר דעקודים הנקרא כתר עליון **כי אור הניתן** ממנו **שם** באור הכתר הנמצא תחת השרשים, **אינו משפיע למטה** בזכר ונקבה דכלי הכתר הנמצאים בפה דא"ק, כי אור הכתר הפך פניו כלפי השרשים ואחוריו למקבלים, וגם האורות דכתר שהם הזכר והנקבה שבכלי הכתר חוזרים למקומם בכלי הכתר, **אז** גם **הוא אוסף זלכו ושפעו למעלה** בסוד[84] יש מפזר ונוסף עוד, ר"ל כל עוד הוא משפיע גם לו נוסף שפע, **כמו שכתוב**[85] **הצדיק**[86] שהוא המשפיע, הנקרא היסוד **אבד, כי**[87] **כאשר** היסוד[88] **אינו מזדווג עם**

83

תרשים ד – י"ז.

84

משלי י"א כ"ד – יש מפזר ונוסף עוד וחושך מישר אך למחסור.

85

ישעיהו נ"ז א – הצדיק אבד ואין איש שם על לב ואנשי חסד נאספים באין מבין כי מפני הרעה נאסף הצדיק.

86

זהר, פרשת תזריע דמ"ו ע"א עם תרגום וביאור – **פתח ואמר, את הכל ראיתי בימי הבלי, יש צדיק אובד בצדקו, ויש רשע מאריך ברעתו,** ואמר **האי קרא אוליפנא בי רבי דוסתאי סבא** את ביאור הפסוק הזה למדתי בבית המדרש של רבי דוסתאי סבא, **דהוה אמר משמיה דרבי ייסא סבא** שהיה אומר משמו של רבי ייסא סבא, מה שכתוב בפסוק **את הכל ראיתי בימי הבלי,** ושואל **וכי שלמה מלכא דהוה חכים על כלא** וכי שלמה המלך שהיה חכם מכל האדם, **איך אמר דאיהו חמא כלא** איך הוא אומר שהוא ראה את הכל, **בזמנא דאיהו אזיל בחשוכי עלמא** בזמן שהוא הלך בחשכות העולם שהם הבל, **דהא כל מאן דאשתדל בחשוכי עלמא** הרי כל מי שעוסק בחשכות ובתאוות של העולם, **לא חמי מידי ולא ידע מידי** לא ראה שום חכמה ולא ידע ומבין ממנה כלום. והתשובה היא **אלא הכי אתמר** אלא כך למדנו, **ביומוי דשלמה מלכא קיימא סיהרא באשלמותא** בימיו של שלמה המלך עמדה הלבנה שהיא ספירת המלכות בשלמותה ובמילואה, **ואתחכם שלמה על כל בני עלמא** ולכן נתחכם שלמה המלך על כל בני העולם, כמו שכתוב ורב חכמת שלמה, ובזמן המלך שלמה עלתה המלכות למדרגה השישית מתוך שבע מדרגות, והיא מדרגת החכמה דז"א והיתה חסרה רק את בחינת הכתר דז"א, בסוד ורב חכמת שלמה, **וכדין חמא כלא וידע כלא** ואז ראה את הכל, וידע את הכל. **ומאי חמא** ומה ראה שלמה המלך, **חמא** ראה את היסוד הנקרא **כ"ל דלא אעדי מן סיהרא** שלא נפרד מן המלכות הנקראת לבנה, כי אז בזמן בית ראשון היו זו"ן תמיד פנים בפנים בלתי הסתלקות המוחין, ולכן זיווגם היה תדיר בלי הפסק, **והוה נהיר לה שמשא** והיה השמש שהוא ז"א מאיר ללבנה שהיא המלכות. **הדא הוא דכתיב** וזהו שכתוב, **את הכל** שהוא היסוד **ראיתי בימי הבלי** שפרושו את כל השפע הבא מן היסוד למלכות ראיתי בימי הבלי, **מאן הבלי** ומי נקרא הבלי, **דא סיהרא** זאת המלכות הנקראת לבנה **דאתכלילת מן כלא** הנכללה מן הכל, **מן מייא ואשא ורוחא כחדא** מן מים ואש ורוח יחד, שהם סוד בחינת חג"ת, **כהבל דנפיק מן פומא** כמו הבל היוצא מן הפה, **דכליל מכלא** וכולל הכל, **והוא חמא** ושלמה המלך ראה את היסוד הנקרא כ"ל, **בההוא הבל דיליה** מקושר בהבל שלו שהיא המלכות, **דאחיד ביה** ומתיחד בה. ועל מה שכתוב **יש צדיק אובד בצדקו, תא חזי** בא וראה, **בזמנא דאסגיאו זכאין בעלמא** בזמן שיש הרבה צדיקים בעולם, **האי** היסוד הנקרא **כ"ל לא אעדי מן סיהרא לעלמין** לא נפרד מן המלכות הנקראת לבנה לעולם, **והאי**

הַמַּלְכוּת ומשפיע לה, **גַּם הוּא מַפְסִיד** שפע המגיע לו[89], וזה הוא **אבד** ולא נאבד, ר"ל שמאבד את השפע שמגיע לו, **כִּי אֵין נוֹתְנִין לוֹ אוּ"א** שפע ומוחין **רַק כַּאֲשֶׁר** הוא יַשְׁפִּיעַ **לְמַטָּה** במלכות. **וְכֵן**[90] **עַל דֶּרֶךְ זֶה בְּכָאן** בפה דא"ק, (צ"ל כי) **כַּאֲשֶׁר** אור **הַכֶּתֶר** הנמצא בפה דא"ק **אֵינוֹ מַשְׁפִּיעַ לְמַטָּה** בזכר ונקבה דכלי הכתר, שגם הם נמצאים בפה דא"ק, **אָז גַּם הַשּׁוֹרֶשׁ שֶׁל כֶּתֶר**

והיסוד הנקרא כ"ל **נָטַל כָּל מֹשֶׁה וְרָבוּ וְחִידוּ דִלְעֵילָא** ולוקח את כל שמן הרומז לבחינת החכמה העליונה, ואת כל הגדולה והשמחה שלמעלה, הרומזת לבחינת הבינה העליונה, **וְאִתְמְלֵי** ומתמלא היסוד **וְחֵדִי וְרָבִי** מחסדים וגבורות הבאים מהבחינות דחו"ב, **בְּגִין לְאַזְדַּוְּוגָא בְּסִיהֲרָא** וכל זה כדי להזדווג עם המלכות הנקרא[ת] לבנה, **וְהוּא רָווּח בְּגִינָה** והיסוד מרוויח את כל האורות האלו בשבילה. ולצערנו הרב **וּבְזִמְנָא דְּאַסְגִּיאוּ חַיָּיבִין בְּעַלְמָא** ובזמן שיש רשעים הרבה בעולם, ועל ידי מעשיהם הם גורמים להפריד את היסוד מהמלכות, **וְסִיהֲרָא אִתְחַשְּׁכַת** והמלכות נחשכת על ידי אחיזת החיצונים, **כְּדֵין** ועל זה נאמר **צַדִּיק אוֹבַד בְּצִדְקוֹ**, **צַדִּיק נֶאֱבַד לֹא כְתִיב** לא כתוב צדיק נאבד, **אֶלָּא צַדִּיק אוֹבֵד, דְּהָא לָא אִתְחֲזֵי בְּסִיהֲרָא** כי לא יכול להראות ולתת את השפעתו במלכות, ולכן גם הוא מפסיד, **וְלָא נָטִיל** כי לא לוקח את **מֹשֶׁה** הרומז למוחין הבאים מהחכמה, וגם **וְרָבוּ וְחִידוּ** לא לוקח את הגדולה והשמחה, הרומז למוחין הבאים מהבינה **לְמַלְיָיא לֵהּ וּלְאַזְדַּוְּוגָא עֲמָהּ** צמלות את המלכות ולהזדווג איתה, כך שגם הוא מפסיד בגלל שהוא לא יכול להשפיע לה, **וְעַל דָּא** ועל זה כתוב **צַדִּיק אוֹבֵד**, ומה שכתוב **בְּצִדְקוֹ דָא** הכוונה היא לבחינת **סִיהֲרָא** שהיא המלכות הנקראת לבנה, **דְּבְגִין סִיהֲרָא דְּלָא אִשְׁתַּכְחַת לְאִזְדַּוְּוגָא עֲמֵיהּ** כי בגלל שהמלכות אינה נמצאת להתייחד, **הוּא אָבִיד** גם הוא מאבד את השפע, **דְּלָא שָׁאִיב מֵחִידוּ כְּמָה דַּהֲוָה עֲבִיד** ואינו יכול לשאוב מהשמחה שלמעלה, שהיא הבינה, כמו שהיה קודם לפני פגם התחתונים.
87

שער ההקדמות, דרוש ג' בעניין מטי ולא מטי דט"ז ע"א – גם יש טעם אחר, והוא על דרך מה שאמר הכתוב - הצדיק אבד וגו'. אשר ביארנו הוא, שכאשר דכרא ונוקבא תתאין, שהם זו"ן, אינם באחדות ובזיווג, אז גם או"א נמנעים מלאיר בהם, לסיבת עון בני אדם התחתונים, שאינם יכולים לקבל אז הארה עליונה, אבל אין מניעה זו ברצון או"א חלילה וחס, רק מחמת חסרון המקבלים. וכן הוא בעניין זה, כי כיון שהשכתר של עקודים הנשאר תמיד תחת מלכות השרשים, הופך פניו מלאיר בזכר ונקבה של הכתר שעלו עתה, אז גם כתר של השרשים מסלק השגחתו והשפעתו מן הכתר הנזכר, ואינו משפיע בו שפע רב לתת אל התחתונים, זולתי חיות מועט די חיותו לבד, ולא להשפיע לזולתו. ואז כיון שהזכר והנקבה הנזכר אינם מוצאים מה לינק, ועוד כי חשקם לירד כנזכר, לכן הם יורדים בכלי שלהם למטה, וזה נקרא מטי בכתר, אבל קודם זה היה לא מטי בכתר.
88

כרם שלמה ש"ז פ"ד אות ג' – ומה שהביא ראיה מן פסוק הצדיק אבד, ר"ל כי הצדיק הוא בחינת היסוד, והגלות יתכנה העיקר אל השכינה, שהיא המלכות. והיה לו הכתוב לומר זה הלשון על המלכות, כי היא גלתה, ולא על היסוד, אלא אף על פי כן הואיל ועכשיו היסוד הפסיד, כי קודם לכן היו או"א נותנים לו שפע רב, והואיל והוא מזדווג עם המלכות, והואיל והוא צריך ליתן לזולתו, לזה נותים שפע רב כדי ליתן לאחרים והותר. ועכשיו שאין מזדווג עמה, ואין נותן לה זו שפע, אז או"א גם הם מונעים השפעתם ממנו, ונמצא שגם הוא מפסיד, ולזה נתכנת האבידה על שמו, ולזה נקרא הצדיק אבד.
89

שער מאמרי רשב"י, פרשת ואתחנן – ובעת הזווג נובעין מיין נוקבין שבה לקבל מיין דכורין שבו, ועתה בזמן הגלות אין לה כח להעלות מיין נוקבין, לפי שהז"א נסתלק ממנה, בסוד מאנה להנחם על בניה כי איננו, והנה מן אימא בא אליה מציאות העניין הנזכר על ידי ז"א. ובשביל שלא יזדוג הז"א עם נוקביה ותהיה בריקנייא, לכן נשבע הקדוש ברוך הוא **שֶׁלֹּא לָתֵת כֹּחַ בִּיסוֹד שֶׁלּוֹ**, להמשיך שפע וברכה במלכות, עד אשר יתן לה כח להיות נובעת מיין נוקבין, כדי לקבל מיין דכורין, **וְזֶהוּ סוֹד הַצַּדִּיק אָבַד**, ולא כתיב אבוד או נאבד.
90

כרם שלמה ש"ז פ"ד אות ג' – וגם כאן, הואיל והאור הכתר העיקרי הוא אינו משפיע להזכר ונקבה של הכתר, והופך אחוריו למטה, ואז כראות הכתר של השורש העליון שאור הכתר העליון, כי אם יתן לו אור, אינו משפיעו למטה, גם הוא מונע השפעתו ממנו, ואינו נותן לו כי אם חיות מעט לצרכו.

33

הָעֶלְיוֹן שהוא כתר של השרשים **אוֹסֵף זִלְכוֹ** ומונע השפעתו, **וְלֹא בִרְצוֹנוֹ** נותן רק שפע של חיות בלבד, **כִּי רְצוֹנוֹ** הוא **לְהַשְׁפִּיעַ** לענף שלו מוחין דגדלות, **רַק בִּשְׁבִיל זִסְרוֹן הַתַזְתוֹנִים שֶׁאֵינָן יְכוּלִין** וראוים מצד מעשיהם **לְקַבֵּל** השורש לא משפיע, ולכן חוזרים הזכר והנקבה דכלי הכתר לכלי הכתר דעקודים בסוד מטי בכתר, ונותנים מחלקם לכלי שלהם, ולאורות של הכלים דחכמה ובינה שעלו לכלי הכתר, כִּי[91] כאשר האור מטי בכתר אז לא מטי בחכמה ובבינה. **ובעומק, עוֹד טַעַם** והוא על פי מרן הרש"ש[92], כי בכל יום מקבלים העליונים שפע חדש ומעולה מאתמול, לכן כדי לקבל את השפע החדש, חייבים הם להוריק את השפע שבהם לתחתונים מהם, כך שיהיה הכלי שלהם ריק, כדי שיכלו לקבל את השפע החדש[93], וכאשר הם עולים בחזרה, הם עולים למדרגה יותר גבוהה, ומדרגה קרובה יותר לא"ס.

הרב ז"ל מביא[94] עוד טעם למה האורות של הכתר עולים למעלה לפה דא"ק לקבל שפע, ואחר כך **נפסק השפע** לתתן להם, וחוזרים הזכר והנקבה דכלי הכתר לכלי הכתר. **וְגַם טַעַם הַדָּבָר** למה נפסק השפע דמוחין, כי[95] הכלים

91

ע"ח שֶׁ"ז פֹ"ב מֹ"ק דְל"א עֹ"א עֹ"ג – גם ענין מטי ולא מטי בג"ר הוא בענין אחר, כי כאשר הוא מטי בכתר אז עולין שניהן חו"ב למעלה בכתר. ולטעם זה נקרא ג"ר חשובים כאחד, וכשלא מטי בכתר אז הוי מטי בחכמה, ומהראוי שתשאר שם הבינה ותהיה לא מטי בבינה, רק משום כי חפץ חסד הוא כנ"ל, הוי מטי גם כן בבינה.

92

נהר שלום דכ"ג עֹ"ב – גם נודע כי הבירורין המתבררים ועולים למ"ן לזו"ן בכל יום, על ידי התפילות והמצות שעושים ישראל, הנקראים בנים לזו"ן, וכן כל הבירורים המתבררים על ידי הפרצופים העליונים, ועולים למ"ן לפרצופים שעליהם, כי כל פרצוף וכל עולם נקרא בן לפרצוף שלמעלה ממנו, והוא מברר מחלקיו ומחלקי הפרצוף שעליו, ומעלה אותם למ"ן לפרצוף שעליו להזדווג לתקן אותם הבירורים. והנה אותם הבירורים אי אפשר להם לתקן באותו הזיווג, רק נתקנים קצת על ידי אותו הזיווג, ואחר כך חוזרים הם אותם הבירורים עם הזו"ן לרדת ולברר ולהעלות עוד ניצוצות אחרים למ"ן, לפרצוף העליון ההוא להתקן, ושוהים ומתעכבים שם, והם מתקנים שם לאט לאט בכל המשך זמן עיכובם שם, עד בוא עת הזיווג השני, ואז נגמר תיקונם של הניצוצות הראשונות על ידי אותו הזיווג השני. אבל הניצוצות השניות לא נגמר תיקונם, רק נתקנים קצת על ידי אותו הזיווג, כי בערכם הוא זווג ראשון. ואז אנו הניצוצות השניות אחר שנתקנו קצת כנ"ל, חוזרים עם הזו"ן לירד עוד, לברר ולהעלות ניצוצות אחרים למ"ן לפרצוף העליון להתקן, וגורמים זווג עליון, ואז נגמר תיקונם על ידי אותו הזיווג, שהוא שני בערכם, אבל בערך הניצוצות החדשים הוא זווג ראשון, ואינם נתקנים רק קצת. וכן על דרך זה תמיד חוזר חלילה, בכל יום עד שישלמו כל הבירורים, וכמעשה הראשונים כך מעשה השנים.

93

כרם שלמה שֶׁ"ז פֹ"ד אות גֹ' – ופירוש אחר והוא מעט יותר עמוק, כי בכל יום הספירות הם מקבלין שפע יותר חשובים מאתמול, מפני שנכנסים לפנים ממדרגתם שהיו בהן אתמול. וכן כאן, השרשים של העקודים הם על דרך זה, שבכל עת שיש שיש רצון, ואז יש קבלת מוחין ושפע, הם מקבלים שפע יותר חשוב ממה שיש להם עכשיו, ולכן הם רוצים להשפיע להתחתונים מהשפע שיש להם עכשיו, בזמן שהם ראוים לקבל, כדי לקבל גם הם שפע יותר גדול וחשוב. כי אם לא יתנו להתחתונים מהשפע שיש להם, היכן יכילו השפע החדש שיקבלו הם. ולכן רוצים הם להשפיע מהשפע הישן, כדי שיהיה בהם מקום פנוי לקבל שפע החדש, ופשוט.

94

כרם שלמה שֶׁ"ז פֹ"ד אות דֹ' – למה צריכים הזכר והנקבה שבכתר להם לעלות, מי גורם להם לעלות, ונתן טעם הדבר ואמר, ואמנם החשק הזה שיש להם ליקח אור מהשורש שלהם, הוא הגורם להם לעלות, ולכן הם עולים אל שורשיהם, ולא השפע עצמו יורד אליהם כשעדיין הם במקומם, אלא מרוב החשק שלהם עולים, ועל זה נותן עכשיו טעם אחר למה עולים הזכר והנקבה שבכתר הם עצמם, ולא השפע עצמו יורד אליהם.

95

הראשונים שנאצלו הם הכלים דעקודים, ולמעלה מהם לא נאצלו כלים, ושם האור הוא גדול ורב, **וְשֶׁאָם**[96] היו האורות של הזכר ונקבה דכלי הכתר נשארים בכלי הכתר, ולא עולים לפה דא"ק, **וַיִּמְשֵׁךְ הָאוֹר הַהוּא** של מוחין דגדלות **תָּמִיד** מן השרשים אל הענפים, כאשר האורות של העקודים נמצאים בכליהם, **הִנֵּה יַחְזְרוּ הַכֵּלִים** דעקודים בחזרה **אֶל בְּחִינַת אוֹרוֹת כְּבַתְּחִלָּה, וְיִתְבַּטְּלוּ הַכֵּלִים כְּבַתְּחִלָּה** מכח גודל וריבוי האור, **אֲבָל עַתָּה שֶׁאֵין אוֹר** דגדלות מוחין **נִמְשָׁךְ בַּכֵּלִים** דעקודים, אלא רק מוחין דחיות העולמות, **וְרַק**[97] **אַזֹר עֲלִיַּת אוֹר הַכֵּלִים** של הזכר ונקבה שנמצאים בכלי הכתר דעקודים **לְמַעְלָה** לפה דא"ק כדי **לִינַק** הם מקבלים את שפע המוחין דגדלות, **וּבָזֶה אֵין הַכֵּלִים** דעקודים **בְּטֵלִים. וְהִנֵּה**[98] **אַזֹר שֶׁיִּנְקוּ אֵלּוּ הָאוֹרוֹת** של הזכר והנקבה דכלי הכתר **לְמַעְלָה** שפע של מוחין דגדלות, **אָז יַחְזוֹר** אור **הַכֶּתֶר הַהוּא** שנמצא בפה דא"ק בסוף השרשים **לְהֲפוֹךְ פָּנָיו לְמַעְלָה** ואחוריו למטה כנגד הזכר ונקבה דכלי הכתר, **וְאָז** שרואים האורות של הזכר והנקבה דכלי הכתר שלא יכולים לינק יותר מאור הכתר, אז הם **יוֹרְדִין לְמַטָּה** לכלי דכתר **בַּעַל כֻּרְחָם, כִּי אֵין לָהֶם מַה לִּינַק** יותר מאור הכתר הנמצא בפה דא"ק• לרב ז"ל יש עוד טעם למה האורות דכלי הכתר חוזרים לכלי הכתר, וטעם זה הוא מצד רצונם וחשקם של האורות לחזור ולהאיר בכלי שלהם, **וְעוֹד**[99] **טַעַם אַזֹר** למה

שער ההקדמות, דרוש ג' בענין מטי ולא מטי דט"ז ע"א – והטעם בזה, שהם צריכים לעלות למעלה הוא, לפי שאלו הכלים של העקודים, הם הכלים הראשונים שנאצלו כנזכר לעיל, ולמעלה מהם לא נאצלו כלים, כי האור רב שם, ואין הכלים יכולים להתקיים שם. ולכן אם האור העליון היה נמשך למטה עד מקומם בהיותם תוך הכלים שלהם, היו הכלים מתבטלים.
96

כרם שלמה ש"ז פ"ד אות ד' – ועל זה כתב, וגם טעם הדבר שהם עולים למעלה, שהם ימשך האור ההוא תמיד. ר"ל **שעדיין הם במקומם** היה נמשך תמיד בלי הפסק, ואם יעשה כן, הנה יחזרו הכלים אל בחינת אורות כבתחילה, ויתבטלו כבתחילה. ר"ל שאור העב שממנו נעשו הכלים על ידי הסתלקות אור הזך מהם, היו חוזרים ומתבטלים מכח ריבוי האור ההוא הנמשך אליהם.
97

כרם שלמה ש"ז פ"ד אות ד' – אבל עתה שאין אור נמשך בכלים, רק אחר עליית אור הכלים למעלה, פירוש הזכר והנקבה של כלי הכתר העולים למעלה לינק, לזה קורא אותם עליית אור הכלים למעלה. ופירוש דבריו, כי האור הנמשך להכלים הוא על דרך זה, דהיינו אחר עליית האור של הכלים למעלה לינק, ר"ל ויונקים די סיפוקם שיעור מה שיוכלו הכלים שלהם לסבול, ולא יתבטלו, אז חוזרים למקומם, להכלים שלהם, וזה הוא שסיים ואז אין הכלים בטלים.
98

כרם שלמה ש"ז פ"ד אות ד' – והנה אחר שינקו אלו האורות למעלה, ר"ל די סיפוקם, שיעור שיוכלו הכלים לסבול. אז חזר הכתר ההוא, פירוש, זה אור הכתר הנשאר למעלה חוזר להפוך פניו למעלה, ואז יורדים למטה בעל כורחם, כי אין להם מה לינק. נמצא שהדבר הזה של השפע מה שנעשה על ידי אור הכתר, כדי שימנע אותם, ולא ייקחו יותר משיעורם, ויתבטלו הכלים שלהם.
99

שער ההקדמות, דרוש ג' בענין מטי ולא מטי דט"ז ע"א – ולכן הוצרך שהאורות לבדם של הזכר והנקבה שבכלי הכתר יעלו למעלה, כדמיון הנשמה של האדם התחתון, העולה בכל לילה ומסתלקת מתוך הגוף, היא לבדה, ומקבלת שפע הארה מלמעלה, ומתחדשת. וכשגומרת לקבל די צרכה, יורדת בעולם הזה, בסוד חדשים לבקרים, ושואבת אל הגוף השפל אשר בעולם הזה, ולולי היה על דרך זה, לה היה כח בגוף לסבול האור העליון הנמשך אליו מלמעלה.

חוזרים האורות דכתר דעקודים בחזרה לכלי הכתר, והוא **לְפִי שֶׁגַּם אֵלּוּ הָאוֹרוֹת** דכלי הכתר **יֵשׁ לָהֶם חֵשֶׁק לַחֲזוֹר אֶל הַכֵּלִים** ולהאיר בהם, **דֻּגְמַת**[100] טבע[101] **הַנְּשָׁמָה כְּשֶׁיּוֹצֵאת**[102] בכל לילה **מִן הַגּוּף**[103] ועולה למעלה למלכות דאצילות, כדי להתחדש, ולשאוב חיות לצרכה ולצורך הגוף, ושם מתחדשת בסוד

---

[100] **בית לחם יהודה ש"ז פ"ד** – דוגמת הנשמה כשיוצאת מהגוף. בכל לילה בעת השינה, כך כתב בשער ההקדמות דט"ז ע"א.

[101] **כרם שלמה ש"ז פ"ד אות ד'** – דוגמת הנשמה כשיוצאת מן הגוף וכו'. ר"ל כי טבע הנשמה של האדם, שהיא אור עליון, בכל לילה עולה למעלה להמלכות דאצילות הקדוש, ואחר כך חוזרת להגוף שהוא הכלים בבוקר. וסוד הדבר כי עולה לשאוב חיות לצרכה, ולצורך הגוף, ומתחדשת בכל לילה, הסוד - חדשים לבקרים, וחוזרת אל הגוף לשאוב לו חיות מרוב חשקה להגוף.

[102] **שער הכוונות, דרושי הלילה, דרוש ג'** – בענין הלילה כבר הודעתיך איך הוצרכה השינה והתרדמה להפיל על האדם, לצורך הנסירה הבאה אחריה. ונבאר עתה עוד עניינה, דע כי כמו שביארנו שנשמותינו אנחנו עולות למעלה בכל לילה, בהיות גופותינו ישנים ונרדמים, ואז הם נעשים בחינת מ"ן לזווג העליון, וזה לצורך עצמן של הנשמות, כדי שיחזרו להתחדש, לפי שבזמן שהיה בית המקדש קיים, היה הזווג העליון בבחינת פנים בפנים להוציא נשמות חדשות, אבל אחר החורבן אין תפלות שלנו מועילות רק לפי שעה, להביא נשמות חדשות בבחינת אחור באחור בלבד. ולכן אנו אומרים יחוד קריאת שמע בשעת התפלה, כדי לזווג בתחלה את או"א, ומאותו הזווג ינחילו לזו"ן בניהם את המוחין והעטרות שלהם, כדי שאחר כך בשעת תפלת י"ח יזדווגו גם הם, בניהם זו"ן כנודע. ואמנם הזווג הזה הוא בענין היום, והנה גם בזווג הלילה אנו מייחדים יחוד קריאת שמע על מטינו, והנה החסידים הראשונים לא היו צריכים רק לומר פסוק הראשון שמע ישראל, כנזכר בגמרא דברכות - דסגי להו בחד פסוקא דרחמים, אבל עתה אנחנו דורות האחרונים הלואי שנפרש כל פרטי הכוונות והיחוד, כדי שנוכל לגרום זווג העליון של אחר חצות לילה, כדי לחדש את הנשמות הישנות. והנה בתחלה אנו אומרים כל סדר הקריאת שמע, וזה הוא כדי לזווג את או"א בתחלה, וינחילו עטרות ומוחין לבניהם זו"ן, כדי שגם הם יוכלו אחר כך אחר חצות לילה להזדווג לצורך חדוש הנשמות כנזכר. ונמצא כי כמו שהזווג דזו"ן של היום הוא גדול משל לילה, כך יחוד קריאת שמע של היום הוא גדול משל הלילה, וכבר נתבאר אצלינו באורך ועיון שם. והנה זה סוד חדשים לבקרים רבה אמונתך, כי המלכות הנקראת אמונה, נעשית גדולה ורבה בכל לילה, על ידי כל נשמות התחתונים, העולים בכל לילה להכלל ולהתעבר בתוכה, כדי להתחדש שם, בהיותם בתוכה ואחר כך בבקר יוצאות משם מחודשות, וזה מה שכתוב - חדשים לבקרים. והנה הזווג של הלילה בין הזווג דאו"א, ובין הזווג דזו"ן, כיון שהוא גרוע מזווג של היום, מוכרח הוא שיהיה לצורך התחלת תיקון לזווג של היום, כי זה הזווג הנעשה בלילה גורם תיקון וכוננות כלי היסוד דנוקבא, כדי שתוכל אחר כך להעלות מ"ן בכלי ההוא, בזווג הנעשה ביום.

[103] **שער הכוונות, דרושי ברכת השחר** – כי הנה אין אדם בארץ אשר לא יחטא, ועל ידי כך מפשיטין מעליו לבוש הקדושה, ומלבישין לנשמתו לבוש הקליפה, בגדים צואים, כדמיון מה שאמר הכתוב - ויתנצלו בני ישראל את עדים, ונמשך עליהם זוהמת הנחש, וכדמיון אדם הראשון, שנאמר בהם וידעו כי ערומים הם, ואחר כך כתיב וילבישם כתנות עור, משכא דחויא. והנה הכל הוא כפי ערך החטא, כי אם החטא הוא קל, מתחלש כח הלבוש ההוא, בסוד צור ילדך תשי כו', אבל איננו מסתלק מעליו. ואם החטא הוא חמור מסתלק הלבוש לגמרי מעליו, וכנגד ב' בחינות אלו נתקנו ב' ברכות אלו. ועניינם הוא **כי הנה בכל לילה כאשר האדם מפקיד נשמתו ביד המלכות העליונה**, בסוד בידך אפקיד רוחי, **הנה היא מחדשת אותה**, בסוד חדשים לבקרים כו'. ומי שנסתלק ממנו לבושו, נותנת אליו בבקר בחינת לבוש, ומי שיש לו לבוש אלא שנחלש, היא נותנת כח בלבוש ההוא, ושני בחינות אלו נעשות בעת הבקר בסוד חדשים לבקרים, והבן זה.

דעת ותבונה פרק כ"ג דע"ו ע"ד – דע כי בחינת המיין נוקבין של זו"ן הם נשמות הצדיקים, שהם נקראים בנים שלהם, בסוד בנים אתם להוי"ה אלהיכ"ם, ובחינת המ"ן של או"א הם זו"ן בנים שלהם. וכמו שביארנו כי

חדשים לבקרים, ואחר ששואבת הנשמה כל צרכה, חוזרת בבוקר לגוף דליה, ונותנת לו מרוב חשקה חיות לגוף. וכן[104] גם כאן, האורות דכלי הכתר עולים לפה דא"ק, ויונקים ושואבים חיות די צרכם הצריך להם ולכלי דכתר, וכאשר רואה אור הכתר כי ינקו את הצריך להם, הופך הוא פניו כלפי מעלה אל השרשים, ואחוריו אל האור הזכר והנקבה של כלי הכתר, **לכן**[105] **אזר יניקתן זוזריין לירד** אור הזכר והנקבה דכלי הכתר לכלי הכתר, מרוב חשקם להמשיך חיות והארה בכלים שלהם, ויורדים במקומם בכלי הכתר דעקודים, להאיר בכלי הכתר ובתחתונים. **ואו אין אותו** אור **כתר דעקודים** ש נמצא בפה דא"ק **בסוף השרשים, יונק מן השורש של כתר עליון של השרשים** בסוד **הצדיק אבד,** ויונק אור הכתר **רק זויות לבד הצריך לו, ולא יותר.**

מדברי הרב ז"ל היה מובן עד עתה כי כאשר הזכר והנקבה שבכלי הכתר עולים לקבל שפע ומוחין מן המאציל הם עולים ועומדים תחת אור הכתר הנמצא בפה דא"ק, כאן בא הרב ז"ל ומבאר להיכן הם עולים באמת, והיכן הם יושבים, ואופן[106] יניקתם. **זאת ועוד,** כאן[107] בא הרב ז"ל לבאר את מציאות לא מטי בכתר, ומה ענינו, **שהוא עיקר** דרוש זה סובב על זה. **ונבאר**[108] **עתה** בעומק **מציאות עליית זו** של הזכר והנקבה דכלי הכתר לפה דא"ק, כאשר האור לא מטי בכלי הכתר, **ונאמר**[109] **כי הלא כאשר** האור המתייחס לכלי הכתר **לא מטי** בכלי הכתר, **הוא לפי שעולין**[110] **זכר ונקבה של הכתר** כלי **הכתר למעלה** שהם התשע

בכל לילה ולילה עולים נשמות התחתונים, בסוד בידך אפקיד רוחי, בעת השכיבה, ומתעברת מהם נוקבא עילאה דז"א, בסוד חדשים לבקרים רבא אמונתך. **ותועלת העליה ההיא עינינה היא כדי לחדש את הנשמות ההם, ולתת כח בהם, ולהאיר בהם. ועניין החידוש הזה הוא מה שמחדש ומתקן את המוחין שלו,** שהוא בחינת הנשמה שלו היושבת במוח כנודע
104

כרם שלמה ש"ז פ"ד אות ד' – וכך הוא כאן, כי מרוב החשק של האורות לשאוב חיות להכלים שלהם, אזי חוזרים להכלים שלהם, ואחר שירדו למטה, הואיל ואין עוד יניקה להם על ידי האור של הכתר שנשאר בסוף השרשים.
105

שער ההקדמות, דרוש ג' בעניין מטי ולא מטי דט"ז ע"א – כיון שאין להם מה לינק, ועוד חשקם לירד להמשיך חיות והארה בכלים שלהם, שהם בערך הגוף אל הנשמה, לכן יורדים במקומם בכלי שלהם להאיר בתחתונים.
106

שער ההקדמות, דרוש ד' בעניין מטי ולא מטי דט"ז ע"ב – ואחרי שביארנו עליית האורות שבכתר למעלה בשרשים שלהם, וזה נקרא לא מטי בכתר, וגם עלו חו"ב בכלי הכתר, הנקרא לא מטי דחו"ב. נבאר עתה אופן יניקתם, וקבלת הארתם, ושפעם של אורות הכתר מלמעלה, מן השרשים איך הוא.
107

ע"ח ש"ז פ"ד מ"ק דל"ג ע"א – ועתה צריכין אנו לבאר מציאות לא מטי בכתר מה ענינו.
108

כרם שלמה ש"ז פ"ד אות ה' – ונבאר עתה מציאות עלייה זו. עכשיו בא לבאר מקום שיושבים בו הזכר ונקבה שבכתר, כשעולים למעלה להמאציל שלהם, לקבל ההשפעה שלהם, והוא הזמן שנקרא לא מטי בכתר, ומהיכן הם מקבלים השפע שלהם, מאיזה שורש, ואם שניהם מקבלים יחד, או כל אחד לבדו. ומי מקבל תחילה, אם כשמקבלים יחד, מי טפל למי, הזכר או הנקבה.
109

תרשים ד – י"ח.
110

ספירות העליונות דרשימו ותשע ספירות עליונות דאור החכמה העיקרי, כמבואר בפרק[111] ה' דשער זה, ויושבים **במקום** של **זה** אור **הכתר** ש**מקומו נמצא בסוף השרשים העליונים** ותופסים את מקומו, **ועם כל זאת האורות**[112] של הזכר והנקבה דכלי הכתר **אינם יכולין להיות שם ביחד** עם אור הכתר העיקרי שנשאר בפה דא"ק בהסתלקות הראשונה, כי[113] אין שני מלכים משמשים בכתר אחד, ואין[114] שני נביאים מתנבאים בסגנון אחד, **כי** האור דכתר **הוא גדול מהם** לאין קץ, **ולכן הם** ר"ל אור הזכר והנקבה דכלי הכתר עולים למקום אור הכתר **ונשארים במקומו** תחת השרשים, **והוא**[115] ר"ל אור הכתר **עולה במקום השורש של המלכות** ר"ל במקום המלכות דשרשים, ולא נשאר עם מלכות דשרשים ביחד, כי[116] אור הכתר ענף, והמלכות היא שורש, אלא הכוונה שאור הכתר יושב במקומה, **ואז**[117] **גם השורש של המלכות** שהוא המלכות[118] דשרשים, **עולה** ומתכללת[119] **בשורש של היסוד** שהוא היסוד

שער ההקדמות, דרוש ד' בענין מטי ולא מטי דט"ז ע"ב — הנה בעלות זכר ונקבה שבכתר למעלה, הנה אין שם מקום לעמוד ולכנס בו, לפי שהאור הראשון של הכתר אשר נשאר שם תמיד למעלה תחת השרשים, הנה הוא גדול מהם לאין קץ.
111

ע"ח ש"ז פ"ה מ"ק דל"ג ע"ד — אך דע כי כאשר זכר ונקבה שבכתר עולין)נ"א עליון(למעלה בשרשיהן, שהוא סוד לא מטי, הנה תשע ספירות שבכל אחד מהם ההעולין, ונשארים למטה במקומם ב' מלכיות, מלכות הזכר, ומלכות הנקבה, בב' כלים הנקרא י"ה כנ"ל, בהיותן פשוטים בלי מילוי.
112

כרם שלמה ש"ז פ"ד אות ה' — ואמר שיושבים במקום אור הכתר בסוף השרשים. **ואל תחשוב כי עמו יושבים ביחד,** כי אי אפשר לשבת ביחד, כי הוא גדול מהם לאין קץ, כי הוא העיקרי של הכתר.
113

גמרא חולין ד"ס ע"ב — רבי שמעון בן פזי רמי כתיב - ויעש אלהי"ם את שני המאורות הגדולים, וכתיב - את המאור הגדול ואת המאור הקטן. אמרה ירח לפני הקדוש ברוך הוא, רבונו של עולם **אפשר לשני מלכים שישתמשו בכתר אחד,** אמר לה לכי ומעטי את עצמך, אמרה לפניו רבונו של עולם הואיל ואמרתי לפניך דבר הגון, אמעיט את עצמי, אמר לה לכי ומשול ביום ובלילה, אמרה ליה מאי רבותיה דשרגא בטיהרא מai אהני.
114

גמרא סנהדרין דפ"ט ע"א — אמר ליה כך מקובלני מבית אבי אבא, סיגנון אחד עולה לכמה נביאים, ואין שני נביאים מתנבאים בסיגנון אחד.
115

כרם שלמה ש"ז פ"ד אות ה' — והוא עולה במקום שורש המלכות. פירוש, במקום המלכות של השרשים.
116

כרם שלמה ש"ז פ"ד אות ה' — אל תחשוב כי עמה יושב ביחד, כי הוא ענף, והמלכות היא שורש, כי כל אחד הוא סוג אחר בפני עצמו. אלא במקומה.
117

בשער ההקדמות הלשון הוא הפך כאן, וזה לשונו.
שער ההקדמות, דרוש ד' בענין מטי ולא מטי דט"ז ע"ב — ולכן צריך שהמלכות של השרשים תעלה למעלה עם היסוד של השרשים, אשר הוא למעלה ממנה, ואז יוכללו שניהם יחד זה עם זה, היסוד והמלכות, ואז הכתר של העקודים מוצא מקום מלכות השרשים פנוי וריקם, ועולה שם. ואחר כך שני האורות זכר ונקבה דכתר דעקודים, עולים למקום שהיה שם הכתר של העקודים הראשון העיקרי, ושם נכללים שניהם יחד.
118

כרם שלמה ש"ז פ"ד אות ה' — והיא עולה ומתכללת עם היסוד של השרשים ביחד, והטעם מפני שהיסוד והמלכות הם כדמיון זו"ן, ויכולים להתכלל ביחד, במקום אחד.

דשרשים, **וְשָׁם**[120] **נִשְׁאָרִים שְׁנֵיהֶם** ביחד היסוד והמלכות דשרשים **בְּסוֹד הַיְסוֹד, שֶׁהוּא זָכָר וּנְקֵבָה** דיסוד, כאשר המלכות מלבישה את היסוד, בסוד העטרה דיסוד**. וְאָז**[121] כראות[122] **שׁוֹרֶשׁ כֶּתֶר עֶלְיוֹן** שהוא כתר דשרשים כי יש הכנה בתחתונים לקבל ממנו, אז הוא **מַשְׁפִּיעַ לְמַטָּה** לאור הכתר הנמצא בפה דא"ק, ואור הכתר משפיע לזכר ונקבה דכלי הכתר שעלו למקומו, מֵאַחַר[123] **שֶׁכְּבָר יֵשׁ הֲכָנָה לַתַּחְתּוֹנִים** שהם הזכר והנקבה דכלי הכתר **לְקַבֵּל** שפע ומוחין הצריך להם, **וְאָז** הזכר והנקבה מקבלים את השפע ביחד, דהיינו הנוקבא דכלי הכתר מקבלת על ידי הדוכרא דכלי הכתר, כי **הַנּוּקְבָא**[124] **שֶׁל הַכֶּתֶר** שהוא אור החכמה **נִכְלֶלֶת בַּזָּכָר** שהוא הרשימו דכתר, ר"ל אור הרשימו דכתר מתלבש תוך אור החכמה, ואור הרשימו נשמה לאור החכמה, ושניהם עומדים יחד בפה דא"ק מתחת אור הכתר שעלה למקום המלכות דשורשים, **מֵחַדִּישׁ** לכלים שלהם, ומקבלים שפע ומוחין דגדלות.

הרב ז"ל מבאר את המוסג הגדול והעצום הנקרא **כְּלָלוֹת**[125] פירושו הוא **הִתְלַבְּשׁוּת**, הכוונה שמתלבש אור אחד תוך השני, כמו שהולך ומפרש, כאן מבואר שלוש[126] שהם בעצם ארבע[127] בחינות של כללות.

תרשים ד – י"ט
120

בית לחם יהודה ש"ז פ"ד – ושם נשארים שניהם. היינו יסוד ומלכות דשרשים, אבל הכתר שבסוף השרשים הוא במקום הראשון של המלכות, וכמבואר בהדיא בשער ההקדמות דט"ז סוף ע"א, יעו"ש.
121

בית לחם יהודה ש"ז פ"ד – ואז שורש כתר עליון משפיע למטה וכו', ואז הנוקבא של הכתר נכללת בזכר וכו'. פירוש, ולפי ששורש כתר עליון הוא המשפיע עכשיו למטה, ולא שורש החכמה, אם כן תהיה עיקר ההשפעה לכתר דעקודים שהיא ממנו, ולכן הנוקבא דכתר דעקודים הוצרכה להכלל בזכר שהוא הרשימו, כמו שנכללה המלכות של השרשים ביסוד, כדי שתתקבל על ידי כך גם היא שפע על ידי הזכר.
122

כרם שלמה ש"ז פ"ד אות ה' – ואז כראות שורש של הכתר, שהוא הכתר של השרשים, כי יש הכנה לתחתונים לקבל השפעה ממנו, שהרי עלו למעלה, אז גם הוא משפיע להם דבר הצריך להם, ואז שניהם מקבלים יחד, היינו הנוקבא מקבלת על ידי הזכר, כי נכללים שניהם יחד.
123

תרשים ד – כ.
124

הגהות וביאורים)ח(– גרסת עץ חיים כתב יד, אחר שהכתר שבסוף השרשים עלה במקום המלכות, ואינו הופך אחריו למטה, ואז הנוקבא כו'.
125

חסדי דוד דנ"ב ע"ב אות פ"א – פירוש **כללות התלבשות**. שהתחתון ילביש את העליון, כגון נה"י מלבישים לחג"ת, או שהעליון יכלול בתוכו את התחתון, כגון נה"י מתלבשים בתוך החג"ת, וכן זו"ן נכללים בתוך אימא. העליון הוא גדול מכל מה שלמטה ממנו, כי ספירה אחד דאצילות גדולה מכל בי"ע, והעליון כולל את התחתון, כח העליון כלול בתחתון, ואין כח התחתון כלול בעליון.
126

שער ההקדמות, דרוש ד' בענין מטי ולא מטי דט"ז ע"ג – ולהבין זה, צריך שנקדים לך הקדמה אחת, לבאר כל לשון ובחינת כללות, הנזכר בספר הזהר ובתיקונים בהרבה מקומות, ובאמרם לית ספירה דלא אתכלילת מחבירתה, ובאמרם שמאלא אתכלילת בימינא, וימינא בשמאלא, וכיוצא בלשונות אלו. דע, כי ג' בחינות יש בענין הכללות הזה. **אַחַד הוּא**, כאשר ב' אורות יהיו כל אחד תוך כלי שלו, בפני עצמו, ואחר כך יכנסו ויתכללו יחד שניהם תוך כלי אחד בלבד, וזהו נקרא הכללות. **הַשֵּׁנִי וְהוּא**, כאשר ב' האורות יהיו זכר

וּפֵירוּשׁ[128] **הָעִנְיָן כִּי הִנֵּה יֵשׁ כַּמָּה** מִינֵי **כְּלָלוֹת, אֶחָד**[129] **כַּאֲשֶׁר יִהְיוּ ב' אוֹרוֹת בִּשְׁנֵי כֵלִים, כָּל אֶחָד בִּפְנֵי עַצְמוֹ**[130], וְהוּא דוּגְמַת[131] בְּחִינַת הָאוֹר דְחָכְמָה שֶׁהִתְפַּשֵּׁט בְּהִתְפַּשְּׁטוּת הַשְּׁנִיָּה, וְהִכָּה בָּרְשִׁימוּ דְכֶתֶר, וְהָרְשִׁימוּ דְכֶתֶר הִכָּה בָּאוֹר דְחָכְמָה, וְנָפְלוּ נִיצוֹצִין שֶׁעָשׂוּ ב' כֵלִים, אֶחָד לָאוֹר הָרְשִׁימוּ, וְאֶחָד לָאוֹר הַחָכְמָה. **וְהַכְּלָלוּת הַשֵּׁנִי הוּא, שֶׁאֶחָד**[132] **כָּךְ כַּאֲשֶׁר יִכָּנְסוּ ב' הָאוֹרוֹת** שֶׁל הַזָּכָר וְהַנְקֵבָה

וּנְקֵבָה, כִּי אָז יִהְיֶה כְּלָלוּתָם בְּאוֹפָן אַחֵר, וְהוּא כִּי הֶאָרַת הַזָּכָר נִכְלָל תּוֹךְ כְּלִי הַנְקֵבָה, וְהֶאָרַת הַנְקֵבָה גַם הִיא נִכְלֶלֶת בְּתוֹךְ כְּלִי הַזָּכָר, כִּי עַתָּה יִהְיוּ ד' אוֹרוֹת תּוֹךְ ב' כֵלִים, וְזֶהוּ סוֹד עִנְיָן - הַנְהוּ ד' רוּחִין דְאִתְכְּלִילוּ כַּחְדָּא וְאִתְקְרִיאוּ אַהֲבָה, כַּנִּזְכָּר בְּפָרָשַׁת תְּרוּמָה דַּף קמ"ו ע"ב, וְעַיֵּי"שׁ. **הַשְּׁלִישִׁי הוּא**, כַּאֲשֶׁר שְׁנֵי אוֹרוֹת זֶה וְזֶה נְקֵבָה, יִתְפַּשְּׁטוּ וְיִסְתַּלְּקוּ מִן הַכֵּלִים שֶׁלָּהֶם, וְיַעֲלוּ לְמַעְלָה, וְיִכָּלְלוּ שְׁנֵי הָאוֹרוֹת הָאֵלוּ יַחַד, בִּהְיוֹתָם בִּלְתִּי כֵלִים, וְהוּא עַל דֶּרֶךְ הַנִּזְכָּר שֶׁעָלוּ זָכָר וּנְקֵבָה שֶׁבַּכְּלִי הַכֶּתֶר לְמַעְלָה, וְנִכְלְלוּ שָׁם יַחַד שְׁנֵיהֶם. **וּזְכוֹר הֵיטֵב הַקְדָּמָה זוֹ, לְהָבִין תָּמִיד עִנְיָן כְּלָלוּת הַנִּזְכָּר בְּכָל מָקוֹם**, מַה עִנְיָנוֹ.
127

חֶסְדֵּי דָוִד דנ"ב ע"ב ע"ג אוֹת פ' – אַרְבַּע מִינֵי כְּלָלוֹת יֵשׁ. הָאֶחָד הוּא, בָּאוֹרוֹת לְבַדָּן כְּשֶׁהֵם חוּץ מֵהַכֵּלִים, וְאָז נִכְלָל אוֹר הַזָּכָר עִם הַנְקֵבָה, וְאוֹר הַנּוּקְבָא עִם הַדְּכוּרָא. וּכְשֶׁהֵם בְּתוֹךְ הַכֵּלִים, יֵשׁ שָׁלוֹשׁ מִינֵי כְּלָלוֹת, אוֹ שֶׁיּוּכְלְלוּ אוֹרוֹת הַזָּכָר וְהַנְקֵבָה בִּכְלִי דְדְכוּרָא, וְכֵן גַם כֵּן אוֹרוֹת דְּזָכָר וּנְקֵבָה בִּכְלִי הַנּוּקְבָא, וְזֶהוּ ד' אוֹתִיּוֹת אהב"ה. אוֹ שֶׁיִּהְיוּ ב' הָאוֹרוֹת בִּכְלִי הַדְּכוּרָא, אוֹ ב' הָאוֹרוֹת בִּכְלִי הַנּוּקְבָא.
128

כֶּרֶם שְׁלֹמֹה ש"ז פ"ד אוֹת ו' – מַה שֶׁגָּרַס כָּאן כַּמָּה כְּלָלוֹת, בְּשַׁעַר הַהַקְדָּמוֹת גָּרַס ג' מִינֵי כְּלָלוֹת, וְהֵם אֵלּוּ שְׁמֻנָּאם כָּאן עַל סֵדֶר הַנִּזְכָּר כָּאן. **אֲבָל בֶּאֱמֶת אֵלּוּ הֵם ד' מִינֵי כְּלָלוֹת**. דְהַיְינוּ הַחֲלוּקָה הָרִאשׁוֹנָה שֶׁל כָּאן, שֶׁהֵם ב' אוֹרוֹת בְּב' כֵלִים, וְאַחַר כָּךְ יִכָּנְסוּ פַּעַם הַב' אוֹרוֹת כּוּלָּם בִּכְלִי אֶחָד מֵהֶם, אוֹ שְׁנֵיהֶם בִּכְלִי אֶחָד, וְזוֹ מִין כְּלָלוֹת אֶחָד שֶׁכָּלוּל מִב' כְּלָלוֹת, דְהַיְינוּ פַּעַם שְׁנֵיהֶם בִּכְלִי הַזָּכָר, וּפַעַם שְׁנֵיהֶם בִּכְלִי הַנּוּקְבָא. וְהַחֲלוּקָה הַשְּׁלִישִׁית הַנִּזְכֶּרֶת פֹּה, שֶׁהֵם כְּשֶׁהָאוֹרוֹת לְבַדָּם בְּלִי הַכֵּלִים שֶׁלָּהֶם, שֶׁכָּתַב שֶׁיְּקַבֵּל הָאָרָה זוֹ מִזֶּה, **הָיָה צָרִיךְ לוֹמַר גַם כֵּן וְזֶה מִזֶּה, דְהַיְינוּ שֶׁתְּקַבֵּל הָאָרָה הַנְקֵבָה מִן הַזָּכָר, וְהַזָּכָר מִן הַנְקֵבָה**. וְהוּא שֶׁעִנְיָן שֶׁלָּנוּ שֶׁכֵּן הוּא, וּשְׁנֵיהֶם נֶחְשָׁבִים לִכְלָלוּת אֶחָד.
129

בֵּית לֶחֶם יְהוּדָה ש"ז פ"ד – אֶחָד כַּאֲשֶׁר יִהְיוּ ב' אוֹרוֹת בְּב' כֵלִים כָּל אֶחָד בִּפְנֵי עַצְמוֹ. הַכַּוָּנָה עַל ב' אוֹרוֹת שֶׁל זָכָר וּנְקֵבָה דְכֶתֶר, בִּהְיוֹתָם עֲדַיִן לְמַטָּה בִּכְלִי הַכֶּתֶר, כִּי יֵשׁ לָהֶם שָׁם שְׁנֵי כֵלִים כַּמְבוֹאָר בְּשַׁעַר הַהַקְדָּמוֹת וְט"ו ע"א, וְז"ל - גַם הוֹדַעְתִּיךָ שָׁם כִּי לִהְיוֹת אוֹר שֶׁל הַכֶּתֶר גָּדוֹל מְאוֹר שֶׁל חָכְמָה, אֲבָל בִּבְחִינָה אַחֶרֶת כֵּיוָן שֶׁאוֹר הַכֶּתֶר אֲשֶׁר פֹּה אֵינֶנּוּ רַק בְּחִינַת רְשִׁימוּ מְעַט לְבַד, וְאוֹר הַחָכְמָה עִם הֱיוֹתוֹ גָּרוּעַ מְאוֹר הַכֶּתֶר, הִנֵּה הוּא אוֹר שָׁלֵם בִּשְׁלֵמוּתוֹ. וְלָכֵן מִצַּד ב' בְּחִינוֹת אֵלּוּ זֶה מַכֶּה בָזֶה, וּמוֹצִיא מִמֶּנּוּ נִיצוֹצוֹת, וְזֶה מַכֶּה בָזֶה וּמוֹצִיא מִמֶּנּוּ נִיצוֹצוֹת, וְאָז נַעֲשִׂים ב' כֵלִים. אֶחָד אֶל הָרְשִׁימוּ, וְאֶחָד אֶל אוֹר הַחָכְמָה, וְכוּ'. וּמִתְלַבֵּשׁ אוֹר הָרְשִׁימוּ תּוֹךְ אוֹר הַחָכְמָה כְּעֵין דּוּכְרָא וְנוּקְבָא, כָּל אֶחָד בִּכְלִי שֶׁלּוֹ, וּשְׁנֵיהֶם בְּיַחַד נִקְרָאִים כְּלִי אֶחָד וְכוּ'. וְסִיֵּים שָׁם וּכְמוֹ כֵן יֵשׁ ב' כֵלִים בִּסְפִירַת הַחָכְמָה, וּב' כֵלִים בִּסְפִירַת הַבִּינָה, יְעוּ"שׁ.
130

תַּרְשִׁים ד – כ"א
131

ע"ח ש"ו פ"ו פ"ה מ"ת דכ"ז ע"ג – אָמְנָם אַחַר קַבָּלַת אֵלּוּ הַסְּפִירוֹת מִן הַמַּאֲצִיל, חָזְרוּ לִמְקוֹמָם חוּץ מִן הַכֶּתֶר כַּנַּ"ל, וְאָז הַכְּלִי שֶׁל הַכֶּתֶר לֹא נַעֲשָׂה רַק בַּחֲזָרָה, כִּי כְּשֶׁחָזְרָה חָכְמָה וְנִכְנְסָה בּוֹ, אָז הִכָּה אוֹר הַחָכְמָה בָּרְשִׁימוּ שֶׁהִנִּיחַ בּוֹ הַכֶּתֶר בִּמְקוֹמוֹ. וְהָיוּ אֵלּוּ הַכָּאוֹת כְּפוּלוֹת, שֶׁלְּפִי שֶׁרְשִׁימוּ שֶׁל כֶּתֶר לִהְיוֹתוֹ בְּחִינָה עֶלְיוֹנָה מִן הַחָכְמָה, לָכֵן הוּא מַכֶּה בַחָכְמָה, וּמוֹצִיא נִיצוֹצִין, וְגַם הַחָכְמָה לִהְיוֹתוֹ בָּא עַתָּה מִלְמַעְלָה, וְהוּא גָבוֹהַּ מִמֶּנּוּ, לָכֵן הִכָּה עַתָּה בָּרְשִׁימוּ, וְהוֹצִיא נִיצוֹצִין אֲחֵרִים. **לָכֵן נַעֲשָׂה עַתָּה ב' כֵלִים, אֶחָד לָרְשִׁימוּ שֶׁל הַכֶּתֶר, וְאֶחָד לַחָכְמָה שֶׁבָּא עַתָּה**. וּכְבָר הַאֲרַכְנוּ בָּזֶה בְּמָקוֹם אַחֵר אֵיךְ יֵשׁ בְּכֶתֶר זָכָר וְנוּקְבָא, וְהֵמָּה אֵלּוּ הַב' שֶׁזְּכַרְנוּ פֹּה, שֶׁהֵם הָרְשִׁימוּ וְהַחָכְמָה, וְעַיֵּין שָׁם הֵיטֵב.
132

בְּכלי אזוד, ר"ל אור[133] הנקבה נכנס בכלי הזכר ונכלל באור הזכר, כלומר אור הזכר מתלבש תוך אור הנקבה, כי הוא העיקר, והוא נשמה לאור הנקבה. או אור[134] הזכר נכנס בכלי הנקבה, ונכלל באור הנקבה, כלומר אור הנקבה מתלבש תוך אור הזכר, כי היא העיקר, והיא נשמה לאור הזכר. **וְזֶֹה יִקָּרֵא כללות, שֶׁנִּכלל זֶה** אור הנקבה **בָֹזֶה** אור הזכר **בְּכלי אזוד**[135] שהוא כלי הזכר, או זה **אוֹר הזכר** בזה **אור הנקבה** בכלי השני שהוא כלי הנקבה.

וְעֹוֹד יֵשׁ מְצִיאוּת אזור של כללות, והוא בחינת הכללות השלישית, אשר לא שייכת לפי פשט הדברים לעולם העקודים. **וּצריך לדעת** כי[136] יש ג' מיני זיווג, והם[137] נקראים נשיקין, חיבוקין, ויסודות, כאן מבואר ענין זיווג דנשיקין שהוא המעולה מכולם, **וְהוּא בהיות בבחינת**[138] **ב' אורות** (צריך לגרוס **אלו**) של

כרם שלמה ש"ז פ"ד אות ו' – ומה שכתב כאן, אחר כך כאשר יכנסו ב' האורות בכלי אחד. ר"ל אחד מהם, או של זכר או של נקבה, ולעולם הם ב' מיני כללות, כמפורש שם.
133

תרשים ד – כ"ב.
134

תרשים ד – כ"ג.
135

הגהות וביאורים)ט(– עיין שער הקדמות דרוש מטי ולא מטי פרק א', כי שם נתבאר עשיית הכלים אלו דכח"ב יותר, והוא שהיה ב' כלים, אחד אל הרשימו דכתר, ואחד אל האור החכמה שבו, ונעשה באופן זה, וז"ל שם - גם הודעתיך שם כי להיות אור של כתר גדול מאור של חכמה, הנה נעשה בבחינה אחרת כיון שאור הכתר אשר פה אינו רק בחינת רשימו מועט לבד, ואור החכמה עם היותו גרוע מאור הכתר, הנה הוא אור שלם בשלמותו, ולכן מצד ב' בחינות אלו זה מכה בזה, וזה מכה בזה, ומוציא ממנו ניצוצות. ואז נעשים ב' כלים, אחד לרשימו ואחד לחכמה, ואז נעשה אור הרשימו בחינת זכר הנקרא כתר, ואור החכמה נוקבא כו', וכן על דרך זה היה בחו"ב. ועיין לקמן פרק ה', ושם כתב בהיותם בכלי דזכר או בכלי דנוקבא, יעיון שם.
136

תרשים ד – כ"ד.

דעת ותבונה פרק י"א דנ"ב ע"א – לכן לא נזכר עתה בדברינו רק ג' מיני גדלות לבד, ובחינת ג' מיני גדלות אלו הם הנזכרים אצלינו בשם עיבור, יניקה, ומוחין. כי בזמן העיבור לא היה רק כשיעור שיש לו בגדלותו מן הטבור ולמטה עד רגליו. ובזמן היניקה גדול כמו הדעת עד למטה. ובזמן המוחין גדול כמו המוחין שלו, שהוא מחכמה שבו עד רגליו]נראה לענינות דעתי מבינה כנזכר לעיל, שהרי אינו מונה כתר כנזכר לעיל. צמ״ח[. ובענין חיבוק, ונשוק, וזיווג, הם ג' זווגים ג' פרצופים דעיבור יניקה ומוחין. כי בהתחברם הכל יחד בפרצוף אחד. לכן הזווג דפרצוף עיבור הוא ביסוד האמיתי תחתון. וזיווג פרצוף היניקה שהוא נקרא חג"ת נקרא חיבוד. וזווג עליון דפרצוף עליון דמוחין לבדו, נקרא נשיקין. והבן כל זה מאד.
137

ע"ח שט"ל דרוש ט' דע"ג ע"ד – והנה נתבאר בענין כוונת אמן של הקדיש, שיש בו הג' בחינות, והם **חיבוק ונישוק וזיווג**, ולעולם הנקבה היא מתעוררת תחלה, וההתעוררות הזה היא בעת החיבוק שהוא קודם הנשיקה והזווג, ועל כן אז בתחלה היא קודמת לחבק את הזכר, ואחר כך הזכר מחבק את הנוקבא, ואחר כך באו הנשיקין. ואז כיון שכבר היא הקדימה התעוררות בענין החיבוק כנזכר, אז אין הנקבה מעוררת תחלה, אמנם יש ב' בחינות בענין הנשיקין, האחד הוא שכיון שהיא התחילה התעוררות על ידי החיבוק, אם כן עתה הוא יתחיל הנשיקין תחלה, ואחר כך תישק היא אותו, ויש בחינת נשיקין, ואז הם נשיקין שוין, שכאשר הוא מתעורר לנשק אותה, היא גם כן מתעוררת ביחד לנשק אותו. ונראה לענינות דעתי עם הנ"ל בדרוש ג', שבארנו שיש נשיקין קדמאין אל הזווג התחתון, ויש נשיקין שנים שנעשים בעת הזווג עצמו, ואם כן אלו קודם הזווג צריך שהוא יתעורר תחלה, כיון שהיא נתעוררת תחלה בחיבוק, ואחר ששניהם קדמו זו בחיבוק, וזה בנישוק, אז שניהם שוין בזווג תחתון, ונשיקותיהם הם שוים, כך נראה לענינות דעתי.
138

תרשים ד – כ"ה.

זָכָר וּנְקֵבָה (י"ל בב' כלים) בב' כלים, שֶׁאָז[139] אִירַע לָהֶם מַה שֶׁכָּתוּב בספר[140] הזוהר בְּפָרָשַׁת תְּרוּמָה דַּף קָמ"ז ל"ג קָמַ"ז צריך לגרוס קמ"ו ע"א כִּי אָז יֵשׁ בָּהֶם סוֹד אותיות אַהֲבָה כמבואר בשער[141] ט"ל דרוש הנשיקין, ובשער[142] הפסוקים, פֵּירוּשׁ[143] הענין הוא, כי יש הבל בפה של

___

139

בֵּית לֶחֶם יְהוּדָה ש"ז פ"ד – שאז אירע להם מה שכתוב בפרשת תרומה וכו'. פירושו כתבו רז"ל באמצע פרק ט' דשער ט"ל, יעוין שם.

140

זהר, פרשת תרומה דקמ"ו ע"א – דבר אחר, ישקני מנשיקות פיהו, מאי קא חמא שלמה מלכא מה ראה שלמה המלך, דאיהו אעיל מלי דרחימו בין עלמא עלאה לעלמא תתאה שהוא הביא ועורר דברי אהבה בין העולם העליון לעולם התחתון, ושיירותא דתושבחתא דרחימו דעאיל ביינייהו ישקני איהו מה ראה שתחילה השבח שהביא אהבה שהביא בניהם הוא סוד הנשיקין, כלומר מה היתה כוונת שלמה המלך בדברי אהבה הנזכרים בספר שיר השירים. אלא הא אוקמוה אלא כך העמידו החברים, והכי איהו וכך הוא, דלית רחימו דדביקות דרוחא ברוחא כי אין אהבה של דבקות, בר נשיקה אלא על ידי נשיקה, ונשיקה בפומא והנשיקה היא בפה בסוד יחוד חיך וגרון, דאיהו מבועא דרוחא ומפקנו דיליה שהוא המקור ומבוע של הרוח והמוצא שלו, וכד נשיקין דא לדא וכאשר זו"ן נושקים זה לזה, מתדבקן רוחין אלין באלין מדבקים הרוחות אלו באלו, והוו חד ונעשים בחינה אחת, ר"ל מדבק הבל הפה דז"א עם הבל הפה דנוקבא, וב' ההבלים נעשים בחינה אחת, וכדין איהו רחימו חד ואז זו"ן נמצאים באהבה אחת. בספרא דרב המנונא סבא קדמאה בספרו של הרב המנונא סבא הראשון כתוב, כי הוה אמר על האי קרא אומר על פסוק זה של ישקני מנשיקות פיהו, נשיקה דרחימו אתפשט לארבע רוחין נשיקת האהבה של זו"ן מתפשטים לארבע רוחות, וארבע רוחין מתדבקן כחדא וארבע רוחות נדבקים יחד בעת היחוד, ואינון גו רזא דמהימנותא והם תוך סוד האמונה, ר"ל פנימיות דאצילות, וסלקין בארבע אתוון ואלו ארבע רוחות נכללים בארבע אותיות שהם אותיות אהב"ה, ואינון אתוון דשמא קדישא תלי בהו ואלו ארבע אותיות אהב"ה שאותיות השם הקדוש הוי"ה תלויות בהם, ועלאין ותתאין תליין בהו כי עליונים ותחתונים תלוים בהם, ותושבחתא דשיר השירים תלי בהו והשבחה של ספר שיר השירים תלוי בהם, כי נזכר בשיר השירים ב' רעים שהם או"א, והם אותיות י"ה דהוי"ה, וב' דודים שהם זו"ן, והם אותיות ו"ה דהוי"ה, ומאן איהו ומי אלו האותיות, הם אותיות אהב"ה, ואינון רתיכא עלאה והם סוד המרכבה העליונה, ואינון חברותא ודבקותא ואלו אותיות אהב"ה הם סוד התחברות ויחוד דנשיקין של זו"ן, ונכללים הרוחות של זה בזה, ושלימו דכלא הרי שלמות הכל תלוי באותיות האלו של אהב"ה. אלין אתוון ארבע רוחין אינון אלו הד' אותיות אהב"ה הם כנגד ד' רוחות והבלים כנזכר לעיל, ואינון רוחין דרחימו וחדוה ואלו הם רוחות דנשיקין של אהבה ושמחה, דכל שייפי גופא של כל חלקי הגוף, גם החלק באמצעי והתחתון של הגוף, בלא עציבו כלל בלי עצבות כלל, ר"ל בלי אחיזת החיצונים, ארבע רוחין אינון בנשיקה ד' רוחות שהם ד' הבלים הם בנשיקה, כל חד וחד כליל בחברייה כל אחד ואחד כלול בחברו, הבל דז"א כלול בהבל שבפה דנוקבא, והבל דנוקבא כלול בהבל שבפה דז"א, וכד האי רוחא כליל באחרא וכאשר הרוח דז"א כלול ברוח דנוקבא, וההוא אחרא כליל בהאי והרוח דנוקבא כלול ברוח דז"א, אתעבידו תרין רוחין כחדא נעשו בכל אחד מזו"ן ב' רוחות יחד, מפני שבז"א יש ב' רוחות, איד שלו ואחד שלה, ובנוקבא יש ב' רוחות, אחד שלה ואחד שלו, וכדין מתחברן בדביקו חד אינון ארבע בשלימו ואז מתחברים בדבקות אחת בשעת היחוד אלו הד' רוחות, שנים בשנים בשלמות, ונבעין דא בדא ומשפיעים זה בזה, ואתכלילו דא בדא ונכללים זה בזה.

141

ע"ח ח"ב שט"ל דרוש ט' דע"ג ע"א – ועתה נבאר ענין זווג דנשיקין, הנה כבר נתבאר לעיל בדרוש ג', איך יש ב' מיני זווגים, האחד הוא זווג העליון רוחני, ונקרא זווג דנשיקין, והשני הוא זווג תחתון גופני דיסוד ביסוד, וב' הזווגים האלו הם נעשים למעלה, ואין זווג בעולם שלא יקדים אליו זווג העליון דנשיקין. והנה ענין זווג זה נרמז בפרשת תרומה דף קמ"ו, על פסוק ישקני מנשיקות פיהו, דלית רחימו דדביקותא דרוחא ברוחא בר נשיקה וכו', נשיקו דרחימותא אתפשט לד' רוחין כו', ומאן איהו אהבה כו'. ובמה שמבואר כאן יתבאר לך פירוש המאמר הזה שם. ותחלה צריך שתדע שיש חילוק בין מ"נ של זווג תחתון אל הנשיקין, כי המ"נ הם

42

בחינת אחת שהדכורא נותן בה מ"ד, והיא מעלת מ"ן, אבל הנשיקין הם כפולים, לכן נעשה מהם ארבע רוחין, והם תרין דדכורא, ותרין דנוקבא, שהם מתערבין של זה בזה, ושל זה בזה, כמו שנבאר בע"ה. ונבאר תחלה מה הוא ענין הנשיקין, והוא שהזיווג תחתון נקרא זווג גופני, ויש בו ממשות, שהוא טפת הזרע, ובפרט עם מה שכתוב במקום אחר שטפת החסדים שהזכר מזריע נמשכת ממוח הדעת עצמו, רק מאותו התפשטות של ה' חסדים המתפשטים בו"ק, ומיעוטן הם אותן הבאים מדעת עצמו, ואלו עשר טפין שזרק יוסף מבין צפרני ידיו, כנזכר אצלינו. ונמצא שזיווג התחתון עיקר והוא משבע תחתונות, אבל זווג העליון הוא מהשלוש העליונים שבו, שמזדווגים עם ג"ר שבה, כמו שנבאר בע"ה. והענין שכל נשיקה הוא מבחינת הבל הפה היוצא מן הריאה אל הגרון, שהוא בינה כנודע, שכל הז' הבלים מבינה שהיא הגרון נפקו, נמצא שכחם הוא מז' תחתונות, אמנם אותו אור שהיה נמשך מאותן הג"ר שבראש אל הגוף, קודם שיכנסו בפנימיות הגוף שבשבע תחתונות יוצא דרך פה לחוץ בסוד הבל, וכנגדן ז' תיבות בפסוק ישקני מנשיקות פיהו וגו'. וביאור הדבר שהנה חו"ב דז"א הם דוגמת או"א ממש והם מזדווגים בסיום ג"ר על ידי הדעת המחברם, ואמנם סוד חיבור זה הוא בתוך הפה כנודע אצלינו, שהחיך הוא חכמה, והגרון הוא אמא, והלשון הוא הדעת המזווגן, ושם מזדווגים יחד, וכבר נתבאר זה במקום אחר. והנה אך על פי שאלו הם הזכר והנקבה, הכל נקרא הבל אחד בלבד, והוא שהנה הכל הוא בז"א עצמו, וגם שהם או"א, כחדא נפקין, ומכל חו"ב דז"א, דכולם נחשבים בחינת זכר. ועל דרך זה יש גם כן בפה הנקבה, בחו"ב שלה, ואלו הם תרין רוחין, אחד זכר ואחד נקבה, וכמו שכתוב פרשה תרומה - דלית רחימו בדביקותא רוחא ברוחא בר נשיקו, שהנה זיווג התחתון הוא אתדבקותא גופא בגופא, גופני בסוד טפת זרע כנ"ל, אך זיווג זה הוא רוחניות בלבד, רוחא ברוחא, שהם רוחא דהבל הפה דיליה, בהבל רוחא דפה דילה. ועתה נבאר איך כל אחד מאלו התרין רוחין נחלק לשנים, כמו שכתוב בפרשת תרומה - ד' רוחין אינון בנשיקה וכל חד וחד כלול בחבריה כו', פירוש שהזיווג התחתון אינו נכפל הנ"ל, שהרי הוא נותן מ"ד, והיא מ"נ, אבל כאן הוא הזווג כפול, שכמו שהזכר נושק פה הנוקבא, גם היא נושקת פה הזכר. ונמצא שבנשיקות הזכר יש בו ב' בחינות, אחד הוא ההבל עצמו שנמשך על ידי הנשיקה, והוא שורש ההבל עצמו, והשני מה שנתערב עם ההבל של הנוקבא תוך פיה, ונעשה בחינת נקבה, ושרשו הוא זכר. וכן על דרך זה הנשיקות הנוקבא אל הזכר, שהרי כשנושקת אותו בהכרח נשאר בה שורש הבל של הנשיקה, והשני מה שנתערב עם הבל של הזכר שניתן בו מפי הנוקבא אליו, ונעשה בחינת זכר ושרשו היא נוקבא, והרי נתבאר ענין ד' רוחין דאית בנשיקין. וראה והבן עתה שכמו שבזיווג תחתון הראשון מכולם, שהוא ביאה ראשונה לעשותה כלי כנ"ל בדרוש המ"ן, שנתבאר שהניח בה ההוא רוחא לעשותה כלי, לצורך זווגים אחרים שיהיו אחר כך, מאז ולהלאה, כן הזווג דנשיקין הראשונים שהיה בעולם כאשר נאצלו זו"ן, ונזדווגו יחד בבחינת נשיקין, נתן זכר מיסוד שלו העליון שהוא הלשון שבפיו חד רוחא לתוך היסוד שלה העליון, הניתן בפי הנקבה, וההוא רוחא קדמאה של אותן הנשיקין קדמאין נשאר בנקבה תמיד שם, ביסוד אשר בפיה לצורך הזווגים השאר שיבאו משם ולהלאה, כדמיון מה שמשמש ההוא רוחא דיסוד התחתון שבה, לצורך שאר הזווגים שיבאו משם ולהלאה, והבן זה היטב. ונמצא שיש כאן תרין רוחין, אחד רוחא דז"א דעאיל בפה הנקבה, אשר שרשו זכר ונהפך לנוקבא בתוך פיה, ויש חד רוחא דנוקבא דעאל בפי זכר אשר שרשו נקבה ונהפך לזכר.

שער מאמרי רשב"י, אדרא זוטא דנ"א ע"ד – גם זהו הסוד שרמזו בתלמוד, היכי דמי לאלתר, כגון בעוד שהרוק לתוך פיה. פירוש, כי הנה מבשרי אחזה אלו"ה, וכמו כשמזדווגים זכר ונקבה, בהכרח מתמצה הרוק ומתהווה בתוך פיהם, והוא סימן הזווג, כך הוא למעלה בחינת הנשיקין עליונים. אמנם דע כי זווג הזה של הנשיקין עליון, ורוחני הוא מאד, וכבר הארכנו בדרוש זה במקום אחר בכל הצורך. אבל נבאר כאן קצת ממנו, והוא כי אף על פי שאמרנו שזווג זה של הנשיקין נמצא בכל הפרצופין כולם, הנה יש הפרש בזה, והוא כי הנה בא"א אשר אין לו נקבה נפרדת ממנו, נמצא כי זווג הנשיקין שבו אינו רק פה אחד בלבד, ולכן אינם נמצאים שם רק תרין רוחין והם אחה"ע וגיכ"ק, נקבה וזכר, אבל באבא ואימא, או בז"א ונוקביה, שיש לכל אחד מהם פה אחת בפני עצמו, נמצא שהם כפולים, ויש תרין רוחין, זכר ונקבה בפה הזכר, ותרין רוחין זכר ונקבה בפה הנקבה, והם ארבע רוחין בזכר ובנקבה, **והם סוד ארבע אותיות אהב"ה** הנרמזים בפרשת תרומה דף קמ"ו ע"ב, ועיין שם היטב.

ליקוטי תורה, פרשת וירא – ונבאר ענין הנשיקין, הלא ידוע כי קודם שאדם מזדווג עם אשתו, מחבקה ומנשקה, אמנם סוד הנשיקין הוא סוד זווג העליון, יותר מזווג תשמיש, והוא כי הג"ר שבאדם מזדווגין עם הג"ר שבאשתו. ואמנם זיווג העליון אינו ממש כמו התחתון, כי התחתון הוא גופא ממש, מוציא טיפת זרע,

ובפרט מה שמבואר כי טיפת החסדים שהאדם מזריע, אינו נמשכת ממוח הדעת עצמו, רק מן התפשטות של חמשה חסדים המתפשטין בו"ק, כמו שנתבאר בסוד חטא אדם הראשון, ובארבעה שנכנסו לפרדס, ועיין שם. ומועטין הם אותן שבאו מן הדעת עצמו, כי אלו היו טיפין שזרק יוסף מבין ציפורניו. נמצא כי עיקר זווג התחתון הוא ז"ת, אך הנשיקין מג"ר. והענין כי חו"ב דז"א דוגמת או"א, והם מזדווגים בסיום הג"ר על ידי הדעת שביניהם המזווגם ומחברם, אמנם חיבור זה תוך ז"א בתוך הפה, כמבואר כי החיך הוא חכמה, גרון הוא בינה, והלשון דעת המזדווג, ושם מזדווגין, ואין להאריך. אמנם אף על פי שיש שם זווג זכר ונקבה, עם כל זה הם נחשבין לאחד, כי הכל בז"א עצמו, וגם או"א כחדא נפקן וכחדא שרין, ומכל שכן חו"ב דז"א שנחשב הכל לזכר. אמנם גם בפה הנקבה יש בחינה זו בחו"ב שלה, והאמת הוא כי זה סוד מה שכתוב בפרשת תרומה קמ"ו בענין הנשיקה, כי ד' רוחין הם ד' אותיות אהב"ה, עיין שם ותבין, גם כן אמרו דלית רחימא כדביקתא רוחא ברוחא בר מנשיקה. והוא כי זווג התחתון הוא גופני, דביקות גופא בגופא, אך זווג נשיקין רוחא ברוחא, כי טיפה היוצא מזיווג זה הוא רוחניות, והוא סוד ההבל היוצא מהפה, כי כל ז' הבלים מבינה, שהוא גרון נפקו, וזה מבואר. אמנם היינו יכולים לומר כי הארבעה רוחין הם ב' מחו"ב דז"א, וב' מחו"ב דנוקבא, האמנם עם היות זה אמת, עם כל זה אנו מונין לאחד לבד, כי הנשיקה היוצא מז"א הוא רוחא חדא, ונשיקה של נוקבא רוחא חדא, באופן שהם ב' רוחין לבד, אמנם היותם ד' רוחין. זה תבין ממה שכתוב בפרשת תרומה - ד' רוחין אינון בנשיקה כל חד וחד כלול בחבריה. ופירוש הדבר כי האדם כאשר נושק אשתו, כן אשתו מנשקת אותו, ואינו כמו הזווג התחתון, שהוא יחידי מזכר לנקבה, אך כאן הזיווג כפול, כי האדם נושק לאשתו, והאישה לאיש, נמצא כי יש בנשיקות האדם ב' בחינות, האחד הוא ההבל עצמה הנמשך על ידי נשיקה, והוא שורש הבל עצמו, והאחד הוא מה שנתערב בהבל הנקבה, ונעשה מן שורש הנקבה, ועל דרך זה יש ב' רוחין מנשיקות הנקבה לזכר, כי כשנושק האדם בהכרח נשאר בו שורש הבל של נשיקה ההוא, וגם כן יישנו הבל דנשיקה שניתן מפי הנוקבא אליו, וכן יש בנוקבא שורש הבל שלה, וגם הבל נשיקות האדם אליה, באופן ששורשם הם ב' נשיקות, אך הם כפולים זה בזה, וזה בזה, עד שנעשו ד' רוחין.
142

שער הפסוקים, וירא די"א א' – ואמנם זה ההבל של הנשיקין, היוצא מן הפה ולחוץ, הנה אינו נמשך אלא על ידי זווג עליון, שעושה בתוך הפה עצמו. כנודע כי תרין מוחין חו"ב דז"א, הם זכר ונקבה כדמיון או"א עצמם, והם מתפשטים עד סיום הראש, ששם היא הפה של ז"א. וסיום החכמה הוא החיך, בסוד ח"ך מ"ה, חכמה. וסיום הבינה הוא הגרון כנודע. ושניהם מזדווגים שם על ידי הדעת, שהוא הלשון המכריע ביניהם, ומחברם ומזווגם. ואז החכמה נותן טיפת דכורא, והבינה טיפת נוקבא, והם תרין רוחין והבלים, ונכללים ונעשים חד רוחא, שהוא תולדת הזווג ההוא. ועל דרך זה מזדווגים חו"ב דנוקבא, בפה שבה, וייוצאין משם תרין רוחין, ונכללים ונעשים חד רוחא, שהוא תולדת הזווג ההוא. ואלו התרין רוחין דיליה ודילה, הם בחינת הנשיקין. כי כשחוזרים זו"ן ונושקין זה לזה, הוא זווג שלישי, שמזדווג פה דזעיר בפה דנוקביה. וזעיר מוציא מפיו ההוא רוחא דנשיקה דיליה, הכלול מתרין רוחין כנזכר, והם מ"ד. ונוקביה מוציאה בפיה, רוחא דנשיקה דילה, הכלול מתרין רוחין כנזכר, והם מ"ן. ובזה יתבאר לך מאמר בספר הזוהר בפרשת תרומה, בענין הנשיקין, שהם אתחברותא דרוחא ברוחא, והם כלולים מן ארבעה רוחין, **הנקראים אהב"ה** עד כאן. והנה היותם ארבעה רוחין, היינו יכולים לפרש, שהוא מה שמבואר כי נשיקה דיליה כלולה מתרין רוחין, שנמשכים מחו"ב שבו. ונשיקה דילה כלולה מתרין רוחין, הנמשכים מזווג חו"ב שבה. אבל דע, כי אין כוונת המאמר לזה, לפי שאלו התרין רוחין דחו"ב שבו או שבה, אינם נחשבים לתרין רוחין, רק לחד רוחא. לפי שאפילו או"א כחדא נפקין וכחדא שריין, ושניהם נקראים בחינה אחת. ומכו שמבואר חו"ב תרין מוחין שבחד פרצוף דזעיר, או דנוקביה לבד, שהכל נחשב לחד רוחא. ונמצא שנשיקת הזכר נקרא רוחא חדא בלבד, ונשיקת הנקבה נקרא רוחא חדא לבד. והרי כאן תרין נשיקין, תרין רוחא, חד דכורא וחד נוקבא. ואמנם מה שכתוב שם, שהם ארבעה רוחין, זה יובן במה שמבואר שם, ארבע רוחין אינון בנשיקה, כל חד וחד כלול בחבריה וכו'. וזה ביאורו, הנה בזווג התחתון הגופני, שהוא יסוד ביסוד, הנה הזכר נותן טיפת דכורא ביסוד הנוקבא, והנקבה נותנת טיפת נוקבא ביסוד שלה עצמה, ושם נוצרה הנשמה משתי טיפות אלו. אבל בזווג רוחני דנשיקין, יש נשיקות כפולות, כי כמו שהזכר נושק לנוקביה, ונותן בה בפיה רוחא דכורא. גם נוקביה נושקת אותו, ונותנת בו בפיו רוחא נוקבא. והנה בנשיקת הזכר יש ב' בחינות, האחת היא שרש ההבל ההוא הנשאר בפיו. השניה היא בחינת ההבל היוצא מפיו, ונכנס תוך פה הנקבה. ועל דרך זה הוא בנשיקת הנקבה ב' בחינות אחרות. והרי

הזכר והבל בפה של הנקבה, וכאשר הזכר מנשק לנקבה, והנקבה מנשקת את הזכר, הבל הנקבה נכלל בהבל הזכר בפה הזכר, והבל הזכר נכלל בהבל הנקבה בפה הנקבה, כך שיש עתה ד' הבלים הנעשים בבת אחת, ומתייחדים[144] ביחוד אחד הנקרא **אהב"ה**, והם סוד אותיות **הוי"ה**, כי כמו באותיות הוי"ה יש ב' אותיות זכר, שהם אותיות **י"ו**, וב' אותיות דנקבה, שהם אותיות **ה"ה**, כך באותיות אהב"ה יש ב' אותיות זכר, שהם **א"ב**, וב' אותיות דנקבה, שהם **ה"ה**. ולכן **כי** כאשר הזכר מנשק את הנקבה בפיה, **נכלל האירת זכר בנקבה ושניהם בכלי אזוד** של הנוקבא, **וכן זווד** גם כאשר הנקבה מנשקת את הזכר בפיו, נכללת **האירת נוקבא** בזכר, ושניהם הולכים **להכלל בכלי** אחד **של הזכר, הרי הם ד' אורות, ב'** אורות **בכל כלי, כלולים זה בזה, והם סוד ד' אותיות של אהב"ה,** כאשר אותיות א"ה הם בכלי הזכר, ואותיות ב"ה בכלי הנקבה.◆

הרב ז"ל מבאר עוד בחינה של כללות, והיא הקשורה לסוגיה בפרקין. **ועוד[145] יש מין כללות אזוד** היא הכללות הרביעית, **כאשר[146]** האורות זכר ונקבה עוזבים את הכלים שלהם, ועולים למעלה, ונכללים זה בזה, כמו שכאשר האור **לא מטי** בכלי הכתר, האורות זכר ונקבה דכלי הכתר עוזבים את הכלים שלהם, ועולים לפה דא"ק, **והוא זה המציאות שאנו בו** עכשיו **שהם ב' אורות** העולים לפה דא"ק **בלתי כלים,**

הם תרין רוחין דכלולין חד בחבריה, ונעשים ארבעה רוחין. והנה בתרין הרוחין העיקריים, שהם השרשים הנשארים בתוך הפה של הזכר, או בתוך של הנקבה, אין צורך לבארם, כי ודאי זה רוחא דכורא, וזה רוחא נוקבא. אבל תרין רוחין אחרנין, העניפים שלהם, הנעתקים ממקומם וניתנים שלא במקומם, וצריך לבאר ענינם. כי הנה הרוחא דדכורא שנתן בפה הנוקבא, הנה שרשו הוא דכורא, אבל כיון שנכנס בפה הנקבה, ומתערב שם עם רוחא דנוקבא, ונעשה נוקבא כמוהו. וכמו שאמרו רז"ל - עאלת לקרתא, אזיל בנימוסא. והרוחא דנוקבא שנכנס בפה הדכורא, שרשו הוא נקבה, אבל כיון שמתערב ומתחבר עם רוחא דדכורא, נהפך ונעשה דכורא כמוהו. ובודאי כי זה המעולה יותר מן הראשון, כי אף על פי ששרשו מן הנקבה, כיון שנכנס בפה הזכר, נתעלה ונעשה רוחא דכורא ממש. אבל רוחא דדכורא, כיון שנכנס בנוקבא, ירד ממדרגתו, ונחלש, ונעשה רוחא דנוקבא ממש.
143

כרם שלמה ש"ז פ"ד אות ו' – כי בכל פה של הזכר, או של הנקבה, בכל אחד מהם יש הבל אחד, וכשנותן הזכר הבל מפיו לפה של הנקבה בדרך נשיקה, אז השורש של ההבל הזה נשאר בתוך פיו, ונותן חלק ממנו, ומתערב בתוך פיה של הנקבה. נמצא שההבל שלו נחלק, חלק אחד אצלו, וחלק אחד אצלה. וכן גם כן היא נותנת אז לו מפיה דרך פיו גם כן מן הבל שלה ונמצא חלק משלה נשאר בתוך פיה, וחלק האחר משלה נתנה אותו לו בתוך פיו, וזה נעשה הכל בבת אחת. דהיינו כדמיון הנושק אחד לחברו שיוכלו לנשק זה לזה בבת אחת, ונמצא כי בבת אחת, ובפעם אחת, נעשים ד' אורות, כי בפיו של ראובן יש הבל שלו ושל שמעון, ובתוך הפה של שמעון יש הבל שלו ושל ראובן. וכן הענין כאן, והואיל והם ד' אורות, לזה נרמזו הארבע אותיות של **אהב"ה**, דהיינו אור אחד נקרא א' של אהבה, ואור אחד נקרא אות ה' של אהבה, וכן השאר כמו שפירש אותם בזוהר שם.
144

תרשים ד – כ"ו.
145

כרם שלמה ש"ז פ"ד אות ו' – המציאות שאנחנו בו, שהם ב' אורות, שהם הרשימו של הכתר, ואור החכמה שבכלי הכתר, שעכשיו עלו למעלה, דהיינו לא מטי בכתר, ועלו אורות לבדם בלתי הכלים שלהם, ועלו וישבו במקום אור הכתר העליון.
146

תרשים ד – כ"ז.

45

שֶׁהֵם אורות זָכָר וּנְקֵבָה שֶׁל כְּלִי הַכֶּתֶר והם הרשימו דכתר המתלבש באור החכמה, שֶׁעָלוּ לְמַעְלָה לפה דא"ק כל אחד בַּכְּלִי שלו, וְאֵינָם אלא ב' האורות מחוץ לכלים שלהם, כִּי כְּלָלוּתָם אָז יִהְיֶה בִּבְחִינָה שֶׁיְּקַבֵּל הָאָרָה זוֹ מִזֶּה, ר"ל אחרי שאור הזכר מקבל שפע דרך אור הכתר דעקודים מֵהַשּׁוֹרֶשׁ דִּכְתָר, הוא נותן בחינת הארה לאור החכמה, שהוא נקבה, וְזֶהוּ כְּלָלוּת שֶׁלָּהֶם. והנה[147] בעליית אור הזכר והנקבה שבכלי הכתר לתוך פה דא"ק, נמצאים כעת ג' בחינת של הכתר תוך פה דא"ק, והם השורש דכתר שהוא כתר דמלכות דפה דא"ק, אור הכתר העיקרי, שהוא הענף, והרשימו דכתר, שהוא בחינת דאור הכתר.

וְהִנֵּה[148]]דל"ג ע"ג 66[עַתָּה שֶׁעָלוּ הָאוֹר הזכר והנקבה דכלי הכתר לפה דא"ק, הַנּוּקְבָא נִכְלֶלֶת בַּדְכוּרָא וטפילה לו, כִּי לִהְיוֹת שֶׁהַנּוּקְבָא הוּא אוֹר שֶׁל הַחָכְמָה כנ"ל, וְהַזָּכָר הוּא אוֹר הרשימו שֶׁל הַכֶּתֶר שֶׁנִּשְׁאַר בַּכְּלִי הכתר אחרי שעיקר אור הכתר הסתלק לפה דא"ק בהסתלקות הראשונה, ולא חזר לגבול עולם העקודים, אִם כֵּן אור הרשימו שהוא הַזָּכָר הוא העיקר ומתלבש תוך אור החכמה ומשפיע בה, לכן הוּא שֶׁמְּקַבֵּל וְיוֹנֵק עַתָּה מִן הַשּׁוֹרֶשׁ שֶׁלּוֹ, שֶׁהוּא שׁוֹרֶשׁ הַכֶּתֶר הנקרא כתר דשרשים, וְזֶה נִמְשָׁךְ לוֹ עַל יְדֵי שֶׁמִּזְדַּכֵּךְ הָאוֹר של הכתר דשרשים את אוֹתוֹ אור של הַכֶּתֶר שהוא בעצם עָנָף של השורש דכתר, שֶׁנִּשְׁאַר לְמַעְלָה בְּסוֹף הַשָּׁרָשִׁים כאשר נמצא בעת זאת במקום המלכות דשרשים, וְעַל יְדֵי הָאָרָה הָעֶלְיוֹנָה שֶׁל שׁוֹרֶשׁ הַכֶּתֶר באור הכתר העיקרי, הוּא ר"ל אור הכתר מִזְדַּכֵּךְ מְאֹד, וְאָז מֵאִיר אור הכתר גדול ורב בָּזֶה הרשימו, שהוא אור הַזָּכָר שֶׁל הַכֶּתֶר כלי הכתר, וְאָז נִכְלֶלֶת אור הַנְּקֵבָה שהוא אור החכמה, בְּאוֹר הַזָּכָר, וּמְקַבֵּל אור החכמה הָאָרָה מִמֶּנּוּ ר"ל מאור הרשימו, שהוא בעלה, עַד שֶׁנִּמְצָאִים עַתָּה ג' בְּחִינוֹת אֵלּוּ (הֵם) שָׁוִים בַּהֲאָרָתָן, וְהֵם זָכָר וּנְקֵבָה שֶׁל כְּלִי הַכֶּתֶר שהם אור הרשימו דכתר ואור החכמה, וְאוֹתוֹ אותו אור הַכֶּתֶר העיקרי שֶׁעֲלֵיהֶם הנמצא כעת במקום

147

שער ההקדמות, דרוש ד' בענין מטי ולא מטי דט"ז ע"ג – והנה בעליית זכר ונקבה מתוך כלי הכתר, ועלו למעלה במקום שהיה שם בראשונה אור הכתר אשר מתחת מלכות דשרשים כנזכר, הנה תחילה יונק הזכר מן הכתר העליון, הנקרא כתר השרשים, דרך אמצעות אור הכתר, אשר תחת מלכות השרשים, וזה הזכר נקרא רשימו דאור דכתר כנודע, יונק אור גדול מאד מכתר השרשים, ועל ידי כך מתעלה מעלתו על נוקביה, שהוא בחינת אור עיקרי הראשון של חכמה כנודע, ועתה נוקביה טפילה אליו וגרועה ממנו, לפי שעתה הוא יונק ומקבל שפע, ולא היא. ולכן היא עתה נכללת בו כללות בו כללות אחד, ומקבלת גם היא שפע מכתר עליון של השרשים, על ידי הכתר שמתחת מלכות השרשים, המשפיע וממשיך שפע הנזכר אל הזכר הנזכר, וזו הנקבה מקבלתו על ידי בעלה שהוא הזכר הנזכר, לפי שהזכר הוא בחינת רשימו של הכתר, והם כלם מחצב אחד. אבל הנקבה היא בחינת חכמה, ואין לה שייכות עם הכתר, ולכן אינה מקבלת אור הכתר, אלא על ידי הזכר.

148

כרם שלמה ש"ז פ"ד אות ו' – ואז בתחילה נכללת אור החכמה עם אור הרשימו, וכשיקבל הארה הרשימו הזאת, אבל תיכף וסמוך אחר זמן מועט, היא אז גם העליון, שהוא במקום המלכות של השרשים, אז היא תתכלל עמו, ותקבל היא גם כן ממנו מאותו האור שמקבל אותו מן הכתר של השרשים, אף על פי שהיא חכמה, וזה הארה של הכתר היא, אף על פי כן הואיל והיא נכללת עמו, תוכל לקבל ממנו, אבל היא טפילה לו בפעם הזאת, כי הוא העיקר בקבלה הזאת.

46

המלכות דשרשים[149], **ואזֹר שֹׁאור** הכתר העיקרי, והאורות דזכר ונקבה **הן שׁוין, יקבלו** שלושתם[150] **הֹאור** והשפע **שֹׁלהֹם מצֹד שֹׁורשׁ כתר עֹליון** שהוא כתר דשרשים, ויכולים[151] עתה לעמוד הזכר ונקבה דכלי הכתר עם אור הכתר תחת המלכות דשרשים• **אחרי**[152] שהזכר והנקבה דכלי הכתר קבלו שפע מן הכתר דשרשים דרך אור הכתר, כאשר אור הכתר הזדכך מהכתר דשרשים, והאיר לרשימו דכתר אור רב, ואור החכמה קבל שפע גם הוא מאור הרשימו, ועכשיו[153] צריכה הנוקבא דכלי הכתר לקבל מהשורש שלה, שהוא החכמה דשרשים, וכך נכלל בה הרשימו דכתר, ומקבל שפע דרכה.   ולכן **אֹו**[154] **צריך שֹׁהנוּקבֹא של הֹכתר**[155] דעקודים,

---

149

תרשים – ד – כ"ח.
150

כרם שלמה ש"ז פ"ד אות ז' – נמצא שלמדנו הרב ז"ל כאן, שאף על פי שבתחילה אין אחד יכול לקבל מן כתר השרשים עצמו, כי אם דווקא האור הכתר העיקרי שנשאר למעלה, עכשיו אחר שגם הזכר ונקבה של הכתר קבלו מן שורש הזה, וזו על ידי זה, דהיינו הזכר קבל על ידי האור של הכתר, והנוקבא קבלה על ידי הזכר. **ועכשיו הואיל ושלושתם הם שוים בבחינה זאת**, לכן הם עתה מקבלים כולם מצד כתר של השרשים, שכן כתב כאן - ואחר שהן שוים יקבלו האור שלהם מצד שורש כתר עליון, עד כאן לשונו. ואפשר שפירושו הוא **שלא על ידי אמצעי**, דהיינו זה מזה כמתחילה, אלא מן הכתר עצמו אל כל שלושתם ביחד. אבל בשער ההקדמות אין לשון זה כתוב שם, דהיינו שמקבלים עתה כל שלושתם מצד כתר של שרשים, ואפשר שחסר משם ענין זה, **וכאן הוא האמת**, וה' יאיר עינינו האור תורתו, אמן.
151

שער ההקדמות, דרוש ד' בענין מטי ולא מטי דט"ז ע"ג – ואם תקשה, אם כן גם בתחילה למה הוצרך לעלות ממקומו, וישאר גם אז למטה במקומו שם הזכר ונקבה שעלו שם. וטעם הדבר כי בתחילה היו הם חסרי אור, ולא היו יכולים לשבת עמו יחדיו, אבל עתה שכבר הם קבלו הארה ממקום שהוא עצמו מקבל, והוא מן השרשים, ושלושתם מקבלים ממקום ההוא, לכן כבר עתה יש כח בהם לעמוד עמו שם תחת מלכות השרשים.
152

שער ההקדמות, דרוש ד' בענין מטי ולא מטי דט"ז ע"ג – אחר שקבלו הזכר והנקבה שפע מן הכתר, הנה צריכה הנקבה לקבל שפע ממחצבה ומקורה העליון דוגמתה, והוא מן חכמת השרשים. ואז החכמה של השרשים יורדת למטה במקום הבינה של השרשים, וכל שאר הספירות שתחתיה, גם הם צריכות לרדת ממקומם, עד שנמצא יסוד השרשים שירד במקום מלכות השרשים, ושם נכללים יסוד במלכות, הפך מבתחילה שעלתה המלכות ונכללת ביסוד. ואז גם הכתר שתחת השרשים אשר עלה אז במקום מלכות השרשים, מוכרח הוא לירד למטה במקומו הראשון, וירד שם עם הזכר ונקבה דכתר שעלו שם כנזכר. והטעם הוא כי אין לו כח לעמוד עם המלכות דשרשים יחד במקומה, כי היא גדולה עליו לאין קץ, אם להיות שהיא שורש והוא ענף, ואם שאינו מסוג אחד, כי זו מלכות, וזו כתר. ולכן מוכרח לירד עם הזכר ונקבה הנזכרים.
153

כרם שלמה ש"ח פ"ד אות ח' – עכשיו בא לבאר השאר של הכללות הזה, שהם האורות בלתי כלים, כי תחילה ביאר שהנוקבא נכללת בזכר, והוא מפני שהיניקה היתה שלו, אבל עכשיו הוא נכלל בה, מפני שהיניקה עתה היא שלה, והוא על ידי שתקבל היא מן השורש שלה, שהוא במקום החכמה של השרשים, ואז על ידי זה הוא נכלל בה, ומקבל על ידה.
154

כרם שלמה ש"ח פ"ד אות ח' – ואז צריך שהנוקבא של הכתר תקבל גם היא משורש עליון שלה, שהוא חכמה עליונה. מה שכתב תקבל גם היא, ר"ל שישתלם בחינת הכללות הזה של האורות בלתי כלים, ולכן צריכה היא לקבל מן שורש החכמה, והוא על ידי שתקבל היא מן השורש שלה, שהוא במקום החכמה של השרשים, ואז על ידי זה הוא נכלל בה, ומקבל על ידה. מה שכתב תקבל גם היא, ר"ל שישתלם בחינת הכללות הזה של האורות בלתי כלים, ולכן צריכה היא לקבל מן שורש החכמה, ואם מפני שלא יתבטל אורה באור שורש הכתר, לזה השורש של החכמה עליונה יורדת בבינה, ואז מתקרבת אצלה אחת מדרגה יותר קרובה, ובזה אין מתבטל אורה כמו שמפרש ואזיל בסמוך.
155

תרשים ד – כ"ט.

והיא אור החכמה, תשתלם **ותקבל גם היא משורש עליון שלה, שהוא וזכמה עליונה**

והוא חכמה דמלכות דפה דא"ק, **ואז**[156] הוצרכה החכמה דשרשים לרדת מדרגה אחת למטה ממקומה, כי כאשר קרוב

אליה הכתר דשרשים אורה מתבטל באורו, ואינה יכולה להאיר לענף דליה, שהוא אור החכמה. **ולכן השורש**

של הוזכמה העליונה ר"ל החכמה דשרשים **יורדת**[157] במקום שורש **הבינה** דשרשים, **והבינה**

דשרשים יורדת **במקום הוזסד** דשרשים, **כו'** כל שורש יורד למקום השורש התחתון ממנו, כאשר החסד

דשרשים יורד במקום הגבורה דשרשים, והגבורה דשרשים יורד במקום התפארת דשרשים, והתפארת דשרשים יורד

במקום הנצח דשרשים, ונצח דשרשים יורד במקום ההוד דשרשים, והוד דשרשים יורד במקום היסוד דשרשים **עד**

שיורד היסוד דשרשים עם אור המלכות דשרשים **במקום המלכות** דשרשים, ונכלל היסוד דשרשים

במלכות דשרשים, ומלביש היסוד דשרשים את המלכות דשרשים, **ואז אותו** אור **הכתר** העיקרי **שעלה**

במקום שורש המלכות, יורד במקומו מתחת המלכות דשרשים, ונמצא עתה ביחד עם אור הזכר

והנקבה דכלי הכתר, **כי** אור הכתר העיקרי **אינו יכול להיות שם** ביחד עם המלכות דשרשים במקומה,

משני סיבות, סיבה ראשונה **כי**[158] **אין לו דמיון** לאור הכתר **עם שורש המלכות,** וסיבה שניה,

זאת ועוד **גם** אור הכתר **הוא ענף, והמלכות הוא שורש** וארה גדול לאין קץ מאור הכתר, **לכן**

הוא גרוע במגה אור הכתר מהמלכות דשרשים, ואין מציאות ששורש וענף יהיו באותה מדרגה **אף על**

פי שהוא מקבל מן הכתר דשרשים, עם כל זאת המלכות דשרשים היא שורש, ואור הכתר הוא ענף,

זה[159] ראש לשועלים, וזאת זנב לאריות • **אמנם** אחרי שהיסוד דשרשים יורד הוא והמלכות דשרשים במקום

156

שער ההקדמות, דרוש ד' בענין מטי ולא מטי דט"ז ע"ג – והנה טעם היות צריכות ירידת חכמת השרשים למטה במקום הבינה כנזכר, היא לפי שבהיותה במקומה למעלה, קרובה עם כתר השרשים, אורה מתבטל באור שלו, ואינה יכולה להאיר למטה אל הנוקבא דכתר דעקודים, שהיא חכמה כמוה כנזכר. ועוד, כי הנקבה דכתר דעקודים, צריכה עתה שתקבל היא בתחילה קודם אל בעלה, שהוא הזכר שבכתר לפי שזה האור הוא נוקבי, ולכן הוצרכה חכמת השרשים להשפיל עצמה ולרדת מדרגה אחת, כדי שתהיה קרובה אל הנקבה התחתונה, מדרגה אחת יותר, על שעור המדרגות שיש בין כתר השרשים אל זכר כתר דעקודים, ועל ידי כך תקבל הנקבה קודם הזכר.

157

בית לחם יהודה ש"ז פ"ד – יורדת בבינה. פירוש שההחכמה עצמה היא יורדת במקום הבינה, וכן כולם נעתקים ויורדים ממקומם, עד שנמצא שהיסוד ומלכות שניהם עומדים יחד במקום האחד של המלכות, ונמצא עתה שהיסוד נכלל במלכות, היפך מבתחלה שעלתה המלכות ונכללה ביסוד, כמבואר בשער ההקדמות דף ט"ז ע"ג. ולכן גם עתה נכלל הזכר דכתר בנוקבא דכתר, והוא מקבל על ידה.

158

כרם שלמה ש"ח פ"ד אות ח' – וזה הוא פירוש מה שכתוב כאן, כי אין לו דמיון עם שורש המלכות, ר"ל כי זה כתר וזאת מלכות, והואיל ואור שורש המלכות הוא גדול לאין קץ על אור הכתר שהוא הענף, לזה הוא גרוע ממנה. וחוזר ויורד במקומו, שבמקום שיושבים שם הזכר ונקבה של הכתר, ואף על פי שבתחילה לא יכלו הזכר ונקבה לישב בתחילה עם אור הכתר במקום אחד, ולזה נצטרך לעלות במקום שורש המלכות. והטעם הוא שבתחילה לא היו הזכר ונקבה האלו מקבלים הארה מן שורש הכתר, אבל עכשיו שהזכר ונקבה והכתר עצמו, שלושתם קבלו הארה מן שורש הכתר, לזה נשתוו עכשיו כל השלושה האלו בבחינה זאת של קבלה, ונעשו עכשיו שווין, ולזה יכולים כל השלושה לישב במקום אחד.

159

המלכות דשרשים, **יורד**[160] אור הכתר **במקומו** תחת המלכות דשרשים **ושם יוכל להיות ביחוד עם** האורות דזכר **ונקבה**[161] דכלי הכתר, ל"ג **שהיה** צ"ל שהם **במקומו, כי אז שלשתן שוין, אזר שכולן שוין בקבלתן משורש הכתר עליון** שהוא הכתר דשרשים• **ובגלל**[162] שהחכמה דשרשים ירדה מדרגה למטה ממקומה, ונשאר מקומה פנוי, ובזמן זה **אז נמשך הארת שורש זוכמה למטה** שהוא החכמה דשרשים עד מקום שעומדים אור הכתר והזכר והנקבה דכלי הכתר, ומקום חכמה דשרשים מתמלא מאור הכתר דשרשים, **ואז** אור הרשימו שהוא **הזכר נכלל באור** החכמה שהוא באור **נוקבא** ר"ל אור הנקבה מתלבש באור הזכר, וזאת מפני **שהנוקבא** דכלי הכתר **מקבלת**[163] **תזולה** מחכמה דשרשים לפני אור הכתר העיקרי ולפי הזכר דכלי הכתר, **כפי שהוא נשתווה** הנוקבא דכלי הכתר **במעלה עם הזכר** דכלי הכתר, **כי** עד עכשיו **עניהן** היו **שוין, וקבלו** שפע ומוחין **משורש הכתר עליון. ולפי שעתה מקבלים** הזכר והנקבה דכלי הכתר **משורש זוכמה** ר"ל מהחכמה דשרשים, **לכן הנוקבא מקבלת תזולה מכל הג' שבכאן** שהם אור הכתר העיקרי, והזכר והנקבה דכלי הכתר, **והן** אור הכתר העיקרי והרשימו **מקבלין ממנה** והיא משפיעה להם, **ונכללין בה** ומלבישים אותה גם הרשימו, וגם אור הכתר העיקרי, **בסוד** הפסוק[164] **אשת זויל עטרת בעלה. אמנם טעם**[165] ירידת שורש **הזוכמה למטה, במקום שורש**

פרקי אבות, פ"ד משנה ט"ו – רבי ינאי אומר, אין בידינו לא משלות הרשעים ואף לא מיסורי הצדיקים. רבי מתיא בן חרש אומר, הוי מקדים בשלום כל אדם. **והוי זנב לאריות, ואל תהי ראש לשועלים.**
160

כרם שלמה ש"ח פ"ד אות ח' – וחוזר ויורד במקומו, שבמקום שיושבים שם הזכר ונקבה של הכתר, ואף על פי שבתחילה לא יכלו הזכר ונקבה לישב בתחילה עם אור הכתר במקום אחד, ולזה נצטרך לעלות במקום שורש המלכות. והטעם הוא שבתחילה לא היו הזכר ונקבה האלו מקבלים הארה מן שורש הכתר, אבל עכשיו שהזכר ונקבה והכתר עצמו, שלושתם קבלו הארה מן שורש הכתר, לזה נשתוו עכשיו כל השלושה האלו בבחינה זאת של קבלה, ונעשו עכשיו שווין, ולזה יכולים כל השלשה לישב במקום אחד.
161

הגהות וביאורים)א(– שהיה במקומו, נ"א שהם במקומו.
162

שער ההקדמות, דרוש ד' בענין מטי ולא מטי דט"ז ע"ג – ולכן ירדה חכמת השרשים מדרגה אחת למטה ממקומה, ונשאר מקומה פנוי וריקם, ובעוד היות נמשך שפע הכתר למטה, ויורד שם במקומה הפנוי והריקם, וממלא חסרונה, יש לה זמן להשפיע למטה אל הנקבה.
163

בית לחם יהודה ש"ז פ"ד – מקבלת תחלה מכל הג' שבכאן. כלומר מקבלת תחלה כל הג', כי היא מקבלת תחלת כולם.
164

משלי י"ב ד' – אשת חיל עטרת בעלה וכרקב בעצמותיו מבישה.
165

כרם שלמה ש"ח פ"ד אות ט' – בא עכשיו ליתן טעם למה צריכה שורש החכמה לירד במקום הבינה, והלא היה אפשר להאיר ממקומה לחכמה שהיא הנוקבא דכתר, שהיא למטה, ועל ידי זה בא ליתן טעם שכלול מכמה טעמים. והוא האחד הואיל והיא קרובה לשורש הכתר, לא תוכל להאיר למטה, ר"ל שאורה הנמשך למטה מתבטל בכח רבוי האור של שורש הכתר, הנמשך גם כן למטה.

הבינה, והבינה דשרשים ירדה למקום החסד דשרשים, **וכו'** בכולם, **הוא לכמה טעמים.**

האחד[166] **הוא לפי שכשהיא** ר"ל החכמה דשרשים **קרובה לשורש כתר,** החכמה דשרשים **אינה**[167] **יכולה להאיר** למטה בענף שלה, **ואורה** של החכמה דשרשים **מתבטל באור הנמשך מן הכתר** דשרשים. **ועוד** טעם, והוא **כי צריכה היא** החכמה דשרשים **להתקרב** יותר **למטה, כדי שתוכל הנוקבא** שבכלי **הכתר לקבל תזלה ממנו** ר"ל מהחכמה דשרשים **כנזכר לעיל**[168], והסיבה לכך הוא כי לפי שהחכמה דשרשים ואור החכמה שתיהם מאותו סוג, זה שורש וזה ענף, **וזהו גורם קריבת השורש אליה במדריגה אזת** יותר **מקורבת הזכר** שבכלי הכתר **אל שורשו. ועוד** טעם, והוא **כי בארנו כי**[169] **לעולם** כל **השרשים אינם נמנעים מלהשפיע למטה** בענפים, **בהיות התחתונים** ראויים **ורוצים לקבל** שפע ומוחין, **לכן** גם **שורש הכתר אינו נמנע מלהשפיע למטה** בענף שלו, **כל זמן היותן זכר ונקבה** דכלי הכתר **זווין בן הכלי שלהם** בסוד לא מטי בכלי הכתר, **ואם כן אין הזוכמה** דשרשים **יכולה להשפיע** כל עוד היא קרובה לכתר דשרשים, **ולכן כאשר תתרוזק הזוכמה** דשרשים **ותרד למטה במקום הבינה** דשרשים, ובזמן שהחכמה דשרשים משפיעה שפע לאור החכמה **אז ישאר המקום שלה** ר"ל החכמה דשרשים **פנוי, ואז בעוד שהשפע הנשפע משורש הכתר ממלא אותו מקום הזולל הפנוי** של החכמה דשרשים, **אז הזוכמה** דשרשים **היא משפעת למטה** בענף שלה שהוא אור החכמה, **והחכמה**[170] דשרשים לא מפסידה מלקבל שפע בעצמה מהכתר דשרשים, **ונמצא כי אז גם אם הכתר** דשרשים **משפיע,** אבל **אינו מבטל הארת הזוכמה** דשרשים למטה. **ואמנם**[171] **ירידת הזוכמה** דשרשים **למטה** ממקומה למקום הבינה דשרשים **לא תפסיד**

166

כרם שלמה ש"ח פ"ד אות ט' – האחד הואיל והיא קרובה לשורש הכתר, לא תוכל להאיר למטה, ר"ל שאורה הנמשך למטה מתבטל בכח ריבוי האור של שורש הכתר, הנמשך גם כן למטה.

167

גמרא חולין ד"ס ע"ב – מאי רבותיה דשרגא בטיהרא מאי אהני. **מפרש רש"י** נר בצהרים אינו מאיר.

168

שער ההקדמות, דרוש ד' בעניין מטי ולא מטי דט"ז ע"ג – והנה כאשר ירדה חכמה השרשים במקום בינה של השרשים כנזכר, היא משפעת אורה, ויורד למטה, והנקבה התחתונה מקבלתו תחילה, לפי ששתיהם מסוג אחד, והם בחינת חכמות זו כיוצא בזו.

169

שער ההקדמות, דרוש ד' בעניין מטי ולא מטי דט"ז ע"ג – כי בעוד שהענפים מוכנים ומעותדים לקבל אור ושפע מן השרשים, אין השרשים נמנעים מלשפיע בהם, כל זה שעלו הזכר ונקבה למעלה, ויצאו חוץ מן הכלים שלהם.

170

שער ההקדמות, דרוש ד' בעניין מטי ולא מטי דט"ז ע"ג – והחכמה עצמה מפסדת הארה הנמשך לה מן הכתר בהתרחקה ממקומה, כי הרי השפע נמשך במקומה, וממלא החלל ההוא, ומשם נמשך אליה כל צרכה.

171

הארתה הנמשכת לה מן המאציל, והיא ההארה הראויה לחכמה דשרשים, **בהתרזק** החכמה דשרשים **מן המאציל** שהוא הכתר דשרשים **מדריגה אזות כנזכר לעיל** ותמשיך החכמה דשרשים לקבל שפע הראוי לה במדרגתה, **הוא**[172] **מזה הטעם אזור היות שהכתר עליון** שהוא הכתר דשרשים, **ממלא אותו מקום החלל** של החכמה דשרשים, ומתמלא מקום החכמה דשרשים באור הכתר דשרשים **כי בשלמא אם היה נשאר שם** במקום של החכמה דשרשים **מקום פנוי וחלל** מאור הכתר דשרשים **היה נפסק האור מן המאציל לזוכבה** דשרשים המגיע לה דרך הכתר דשרשים, **ואדרבא היתה מפסדת הזוכמה** דשרשים את השפע המגיע לה מהמאציל, **ויותר טוב היה** לה **להשאר במקומה** ולהמשיך ולקבל שפע. **אמנם עתה** שירדה החכמה דשרשים למקום הבינה דשרשים, ומקומה לא נשאר פנוי, מפני **שאור הכתר** העליון שהוא הכתר דשרשים, **ממלא מקום החלל ההוא,** ואף על פי שהחכמה דשרשים אינה במקומה, והיא ירדה למקום הבינה דשרשים, **יש**[173] **דרך ומעבר אל האור המאציל** העליון **להשפיע בשורש הזוכמה** דשרשים דרך הכתר דשרשים, **ואינה מפסדת כלל** מפני שאור הכתר דשרשים נמצא במקומה, ומקבלת שפע מהמאציל העליון דרך הכתר דשרשים. סדר חזרת האורות דכלי הכתר מבואר בב' מקומות, האחד בפרקין והשני בשער ההקדמות, ובב' המקומות הסדר הוא חסר, כי[174] דברי תורה עניים במקומן, ועשירים במקום אחר, וצריך להשלימו מב' המקורות, עם כל זה הרב בעל כרם שלמה סידר את הסדר האמיתי[175]. **והנה**[176] **אזור שקבלו** הזכר **ונקבה** דכלי הכתר

כרם שלמה ש"ח פ"ד אות י' – ואמנם ירידת החכמה למטה, פירוש למקום הבינה. לא תפסיד הארתה, פירוש הנמשכת לה מן המאציל, פירוש הארה הראויה לה והיא הארה של מדרגת החכמה. בהתרחקה מן המאציל מדרגה אחת, פירוש וישבה במקום הבינה. ועכשיו ניחוש שמא תקבל הארת הבינה שהיא למטה מבחינתה, אלא תקבל שפע מן המאציל הראוי לה, והוא מדרגת החכמה.
172

כרם שלמה ש"ח פ"ד אות י' – הוא מזה הטעם אחר היות הכתר העליון ממלא אותו מקום החלל, פירוש של החכמה, ועליו בא אור המאציל וישרה עליו, וזהו שסיים כי בשלמא אם היה נשאר שם מקום פנוי וחלל, פירוש מן אור הכתר, היה נפסק האור מן המאציל לחכמה, פירוש מן המאציל דיקא, כי על מי ישרה אם לא יש אור של הכתר, כי אור הכתר הוא כן ומושב לאור המאציל.
173

כרם שלמה ש"ח פ"ד אות י' – יש דרך ומעבר אל אור המאציל להשפיע בשורש החכמה. פירוש, אף על פי שעכשיו אינה במקומה, והיא במקום הבינה, אף על פי כן הואיל ואור הכתר במקומה, והוא נעשה מושב וכן לאור המאציל הנמשך שם, ואחר ששרה שם אור המאציל אזי משם הוא נמשך לה אור המאציל ויורד לה ממקום הבינה.
174

תלמוד ירושלמי, ראש השנה פ"ג הלכה ה' די"ז ע"א – תני בשם רבי נחמיה, היתה כאניות סוחר ממרחק תביא לחמה. דברי תורה עניים במקומן, ועשירים במקום אחר.
175

כרם שלמה ש"ח פ"ד אות י"א – ובלשון שער ההקדמות מבואר מעט טוב יותר מכאן, ששם אחר שכתב השרשים והכתר אוספים חלקיהם למעלה, ואחר כך כתב שאז הזכר ונקבה יורדים וכו'. אבל על כל פנים אפילו שם אינו מסודר היטב. ששם כתב בתחילה השרשים אוספים חלקיהם למעלה, ואחר כך והכתר אשר תחת השרשים הופך פניו למעלה ואחוריו למטה. ואין כן הסדר האמיתי האמור למעלה. **אלא סדר האמיתי** הוא כמו שכתוב למעלה הוא, ז"ל – שאחר שינקו הזכר ונקבה כדי סיפוקם, אז אור הכתר העיקרי אינו משפיע

מִן הַשׁוֹרֶשׁ הַחָכְמָה ר"ל מהחכמה דשרשים, כאשר החכמה דשרשים השפיעה לאור החכמה, ואור החכמה לרשימו דכתר ולאור הכתר העיקרי, ולפני שקבלו הזכר והנקבה דכלי הכתר שפע מהחכמה דשרשים, קבלו **גַּם כֵּן** שפע מהכתר דשרשים, כאשר הכתר דשרשים השפיע שפע לאור הכתר העיקרי, ואור הכתר העיקרי השפיע לרשימו דכתר, והרשימו דכתר לאור החכמה, ואחרי שהזכר והנקבה דכלי הכתר קבלו גם זו מזו וזה מזו **אָז אֵינָן צְרִיכִין לִינֹק עוֹד** מהכתר והחכמה דשרשים, כי קבלו די סיפוקם וצרכם, **וְאָז**[177] הופך[178] אור הכתר העיקרי הנמצא תחת המלכות דשרשים אחוריו[179] אל הזכר והנקבה דכלי הכתר שנמצאים איתו בפה דא"ק, ופניו כלפי מעלה, וכאשר רואים הזכר והנקבה כי אור הכתר הפך אחוריו אליהם, אז **יוֹרְדִין זָכָר וּנְקֵבָה** למקומם **בִּכְלִי שֶׁלָּהֶם** שהוא כלי הכתר דעקודים בסוד **מטי בכלי הכתר**, ונכנסים[180] כל אחד בכלי שלו, ושניהם ביחד בכלי הזכר כמו שמבואר לקמן[181] בפרק ה' דשער זה, והאורות[182] שבכלים דחכמה ובינה דעקודים מסתלקים לכלי הכתר, וכן שאר

עוד להם, והופך אחוריו להם ופניו למעלה, וכראות בכתר של השרשים כך, כי השפע הניתן להאור הכתר לצורך הזכר והנקבה אינו משפיעו להם, בסוד הצדיק אבד וכו'. אז הוא גם כן אוסף הארתו אליו, וכן חכמת השרשין עושה כן כשחוזרת ומתעלה למקומה. ואז כראות הזכר ונקבה שאין להם עוד לינק, כי כולם אספו חלקם למעלה, אז בעל כורחם יורדים למטה, וחוזרים לכליהם, ושואבים להם שפע. נמצא שבין כאן ובין בשער ההקדמות לא תפס כאן הסדר בדקדוק על הסדר.
176

כרם שלמה ש"ח פ"ד אות י"א – והנה אחר שקבלו זכר ונקבה וכו'. מה שכתב מילת גם כן, כי קודם לכן קבלו הזכר משורש הכתר, והנוקבא קבלה על ידו. ועכשיו החכמה קבלה מהחכמה של השרשים, ואז הזכר קיבל על ידה. נמצא שאלו הזכר ונקבה קבלו משורש הכתר ומשורש החכמה, ואחר שקבלו מזה ומזה, אז אינן צריכם עוד לינק.
177

שער ההקדמות, דרוש ד' בענין מטי ולא מטי דט"ז ע"ד – אחר אשר כבר קבלו חלקם הזכר ונקבה של כתר דעקודים מן הכתר והחכמה של השרשים די סיפוקם, אז כתר השרשים אוסף הארתו אליו למעלה. וחכמת השרשים עולה במקומה שלה עצמה הראשון, והכתר אשר תחת מלכות השרשים, הופך פניו למעלה ואחוריו למטה, ואז הזכר ונקבה דכתר דעקודים יורדים למקומם, ונכנסים תוך הכלים שלהם.
178

כרם שלמה ש"ח פ"ד אות י"א – וכדי לירד למקומם, אז אור הכתר הופך אחוריו להם, וכראות שורש הכתר כי אינו משפיע הכתר למטה, כי הפך אחוריו למטה, אז הוא גם כן אוסף אורו למעלה, ואינו משפיע להכתר שפע רב, כי אם כפי שעורו הצריך לו לחיותו. ואז גם כן שורש החכמה שהיה במקום הבינה, עתה נתעלה וחזר למקומו.
179

תרשים ד – ל.
180

שער ההקדמות, דרוש ד' בענין מטי ולא מטי דט"ז ע"ד – ואז הזכר ונקבה דכתר דעקודים יורדים למקומם, ונכנסים תוך הכלים שלהם, ושניהם יחד תוך כלי הזכר לבדו כנזכר.
181

ע"ח ש"ז פ"ה מ"ק דל"ג ע"ד – והנה כדי שיתבאר לך זה צריך לדעת הקדמה אחת. והוא, כי יש חילוק בין פעם ראשונה בעת אצילות לזמן שאחריו, כי בפעם ראשונה שבכולם שהוא כאשר נשאר אור הזכר של הכתר בעת הסתלקות הראשון, ואחר כך בהתפשטות שניה כשנכנס החכמה בכלי הכתר, אז לא נכנס בכלי של הזכר, רק נכנס בכלי הנוקבא עצמה, שהוא בסוד ה' של י"ה, והיה זכר ונקבה בב' כלים. אך בהסתלקות שניה אשר היו עולין זכר ונקבה שניהם למעלה, ואז נשתוו שניהן יחד, וקבלו כולם ביחד הארה מן כתר עליון, ולכן כאשר באים וחוזרין בכלים שלהם, **אז נכנסין שניהן בכלי של הזכר**, והמלכות של הנוקבא נשאר (נ"א אשר) בכלי של ה**ה'** שלה כנ"ל.

האורות דעקודים כל אחד מטי או לא מטי בכלי שלו, **ואז שורש הׁחכמה** והוא החכמה דשרשים **נתעלה** וחזר **(נ"א נתגלה) במקומה** הראשון, **וגם שורש הכתר** והוא הכתר דשרשים **אוסף** את **זׁלקׁ אור** שהיה משפיע באור כתר העיקרי **אליו, ואותו** אור **הכתר** העיקרי ש**עומד בסוף השׁרשים** תחת המלכות דשרשים, **אינו מקׁבל** מהכתר דשרשים **רק זׁיזות** העולמות **הׁצׁריך לו לבד,** ולכן כל עולם העקודים מקבל שפע של חיות הצריך להם, כי גם כל השרשים דעקודים משפיעים שפע של חיות בלבד לעקודים דרך אור הכתר. וכאשר[183] כל השרשים לא משפיעים אלא חיות בלבד לעולם העקודים, בסוד לא מטי **בכל עולם העקודים, ועׁתׁה** שירדו האורות דזכר ונקבה לכלי הכתר דעקודים, וזה **נׁקרא בזיׁנׁת מטׁי בׁכלי הכתר,** ר"ל **אל הׁכֹלי** הכתר, **כי זׁזׁר הׁאׁור** המתיחס לכלי הכתר, שהוא הרשימו דכתר ואור החכמה **בׁכלי שלו, אמׁנׁם**[184] **שׁורש כתר עׁליוׁן**[185] שהוא כתר דשרשים עם שאר כל השרשים **נׁקרא לׁא בׁ מטׁי למׁטׁה** על ידי אור הכתר העיקרי ב**עולם העׁקׁוׁדים** ר"ל השרשים משפיעים רק שפע דחיות לעקודים. **הרׁי**[186] **הׁעׁלׁינׁו מכׁל זׁה,** שהׁאׁור שׁבׁבׁלי ראשׁוׁן נׁקרא כתר, שיש בו את הרשימו[187] דכתר ואור החכמה, **ועם כל זאת אׁין בׁו רק אׁור הׁחׁכמה** שהוא האור העיקרי

שער ההקדמות, דרוש ג' בענין מטי ולא מטי דט"ז ע"א – אמנם כאשר עתה עלו שניהם הזכר והנקבה הנזכרים, לינק מן השרשים, וקבלו הארתם ביחד, ואחר כך חוזרים לירד למטה בתוך הכתר, ואינם נכנסים נפרדים כל אחד תוך כלי שלו כבתחילה, אבל שניהם נכנסים יחד בכלי של הזכר לבדו, כי כבר הם שום, ומזדווגים יחד שם, בהיותם תוך כלי ההוא של הזכר, ומאז והלאה לעולם.
182

תרשים ד – ל"א.
183

שער ההקדמות, דרוש ד' בענין מטי ולא מטי דט"ז ע"ד – והנה עתה אור השרשים לא מטי בעולם העקודים, וזכר ונקבה דכתר דעקודים מטי בכתר דעקודים. וצא לנו מכל זה, כי אור הכתר העיקרי נשאר תחת מלכות השרשים, ואור החכמה הוא העיקרי בכלי כתר דעקודים.
184

בית לחם יהודה ש"ז פ"ד – אמנם שורש כתר עליון נקרא לא מטי למטה. פירוש שאור השורש של כתר עליון נקרא לא מטי למטה, יען כי הוא אסף חלק אורו אליו כדאמרן, וכמבואר בשער ההקדמות דף ט"ז ע"ד, וז"ל - והנה עתה אור השרשים לא מטי בעקודים וכו'.
185

הגהות וביאורים)ב(– מילת שורש הוא טעות סופר, וצריך לגרוס - אומנם כתר עליון)ה"ר שב"ח(.
186

שער ההקדמות, דרוש ד' בענין מטי ולא מטי דט"ז ע"ד – יצא לנו מכל זה, כי אור הכתר העיקרי נשאר תחת מלכות השרשים. ואור החכמה הוא העיקרי בכלי הכתר העקודים, כי אור הזכר הוא רשימו לבד כנזכר לעיל. וזהו כולם בחכמה עשית, כי בחכמה זו נאצלו כל העולמות אשר למטה ממנה.
187

כרם שלמה ש"ח פ"ד אות י"א – ומה שכתב עוד כאן, הרי העלינו מכל זה וכו'. אף על פי שבכלי הכתר יש בו אור הזכר, שהוא רשימו של הכתר ואור החכמה, ואיך אומר כאן שאין בו רק אור החכמה הדבר מפורש בשער ההקדמות, כי כאן חושב האורות העיקריים דוקא, ולא הרשימו. וז"ל שם - יצא לנו מכל זה, כי אור הכתר העיקרי נשאר תחת מלכות השרשים. ואור החכמה הוא העיקרי בכלי הכתר העקודים, כי אור הזכר הוא רשימו לבד כנזכר לעיל. וזהו כולם בחכמה עשית, כי בחכמה זו נאצלו כל העולמות אשר למטה ממנה, עד כאן לשונו. ובזה הלשון מובן הלשון של כאן, כי אין חושב רק האורות העיקריים, ופשוט.

דכתר, **כי אור הכתר** העיקרי **נשאר למעלה בסוף השרשים** תחת המלכות דשרשים, **וזה סוד**[188] הפסוק[189] **כולם בחכמה כו'**[190].

<u>סיכום עליית האורות דכלי הכתר לפה דא"ק וירידתן:</u>

א – בכלי הכתר נמצאים האורות דליה, שהם הרשימו ואור החכמה, והם זו"ן דכלי הכתר. ואיתם נמצאים הזו"ן דכלי החכמה והבינה, ואור החסד. וזה **מטי בכלי הכתר**[191], ולא מטי בכלי בחכמה, ובינה וחסד.

ב – הזכר והנקבה דכלי הכתר דעקודים עלו למקום אור הכתר בפה דא"ק. וזה **לא מטי בכלי הכתר**[192]. ומטי בכלי דחכמה, בינה וחסד.

ג – אור הכתר עולה למקום המלכות דשרשים, וזו"ן דכלי הכתר למקום אור הכתר[193].

ד – מלכות דשרשים עולה למקום יסוד דשרשים ומתכללת בו, ר"ל אור המלכות דשרשים מלביש את אור היסוד דשרשים[194].

188

פרדס רימונים שי"ב, שער הנתיבות, פ"א דס"ה ע"ד – ואין ספק שהנתיבות האלה הם דרכים וצינורות אל השפע, והם מקורות הבאים מחכמה אל הבינה. כי שם אשד הנתיבות, כמבואר בתקונים במקומות רבים. ולכן היא נקרא כבוד שעולה כמנין הנתיבות השופעים. וכן נקרא ל"ב על שמם. ועל דרך הנתיבות האלה נפעלו כל מעשה בראשית, כדמוכח במנין אלהי"ם שהם ל"ב כאשר נבאר. והענין כי **דפוס כל הנבראים הם בחכמה** כדכתיב - כלם בחכמה עשית, ומשם נמשכים **בדקות עד המלכות**, מל"ב אל ל"ב עד המלכות, שהיא חכמה תתאה, והם ל"ב תתאין. ועל ידיה יוצאים המעשים אל הבריאה, והוא האדריכל הנזכר במעשה בראשית כדפירשו רז"ל. ולכן הוכרח היות דפוס כל הנבראים בל"ב נתיבות, והל"ב נתיבות הם מעבה האדמה אשר בם יצקם המלך. ולכן יש קוראים לחכמה גול"ם, **לפי שהוא חומר נושא כל הצורות שבעולם**. וכן עולה ע"ג חכמ"ה גל"ם. פירוש היולי נושא כל הצורות שבעולם. וזהו כוונת המשנה באמרה - בל"ב נתיבות חכמה חקק וכו', את עולמו. הנה כי חקק העולם היה בל"ב. ונמצא הל"ב נתיבות אל העולם כקלף אל הכתיבה. או ירצה כי הל"ב נתיבות ממש היו פועלות העולם, והם היו המדפיסים את העולם, והכל עולה אל מקום אחד, כי הא בלא הא, **לא סגיא שאם לא קדם אליהם צורתם מלמעלה מעמקי החכמה, לא היו פועלים כלל**. אם כן קודם נתצייר העולם בהם, ואחר כך ציירו הם העולם.

189

תהילים ק"ד כ"ד – מה רבו מעשיך הוי"ה כלם בחכמה עשית מלאה הארץ קנינך.

190

הגהות וביאורים)ג(– נ"ב פירוש שכולם מתחילים מחכמה ואילך. כי בחכמה זו נאצלו כל העולמות אשר למטה ממנו, כך הוא הגירסא בשער ההקדמות.

191

תרשים ד – ל"ב.

192

תרשים ד – ל"ג.

193

תרשים ד – ל"ד.

194

תרשים ד – ל"ה.

ה – הכתר דשרשים משפיע באור הכתר, ואור הכתר משפיע לזו"ן דכלי הכתר, והנוקבא דכלי הכתר נכללת בדוכרא דכלי הכתר, ר"ל אור החכמה מלביש את הרשימו דכתר, כך שהנוקבא מקבלת מאור הכתר דרך הדוכרא[195].

ו – החכמה דשרשים יורד למקום הבינה דשרשים, וכל אחד מהשרשים יורדים מדרגה אחת למטה, החסד דשרשים למקום הדבורה דשרשים, הגבורה דשרשים למקום התפארת דשרשים, התפארת דשרשים למקום הנצח דשרשים, הנצח דשרשים למקום ההוד דשרשים, ההוד דשרשים למקום היסוד דשרשים, והיסוד דשרשים למקום המלכות דשרשים, אז מתכלל היסוד דשרשים המלכות דשרשים, ר"ל מלביש יסוד דשרשים את המלכות דשרשים[196].

ז – הכתר דשרשים ממלא את מקום החכמה דשרשים, ואור הכתר חוזר למקומו תחת המלכות דשרשים עם הזו"ן דכלי הכתר, החכמה דשרשים מאירה באור החכמה דכלי הכתר, והרשימו דכתר מלביש את אור החכמה, ומקבל שפע ממנה[197].

ח – אור הכתר הנמצא תחת המלכות דשרשים הופך פניו כלפי מעלה, ואחוריו כלפי מטה, כי הזו"ן דכלי הכתר ינקו די סיפוקם וצרכם, אז חוזרים האורות דזו"ן דכלי הכתר בחזרה לכלי דכתר, וזה **מטי בכלי הכתר**. ולא מטי בכלים דחכמה בינה וחסד[198].

ט. החכמה דשרשים עולה בחזרה למקומה, וכן שאר כל השרשים כל אחד תופס מקומו בחזרה, ואור הכתר נמצא תחת המלכות דשרשים, הכתר דשרשים הופך פניו, ומשפיע שפע דחיות העולמות לאור הכתר, וכן שאר כל השרשים[199].

י – אור הכתר משפיע את אור החיות העולמות שמקבל מכל השרשים למטה לעולם עקודים[200].

<hr>

195

תרשים ד – ל"ו.
196

תרשים ד – ל"ז.
197

תרשים ד – ל"ח.
198

תרשים ד – ט"ל.
199

תרשים ד – מ.
200

תרשים ד – מ"א.

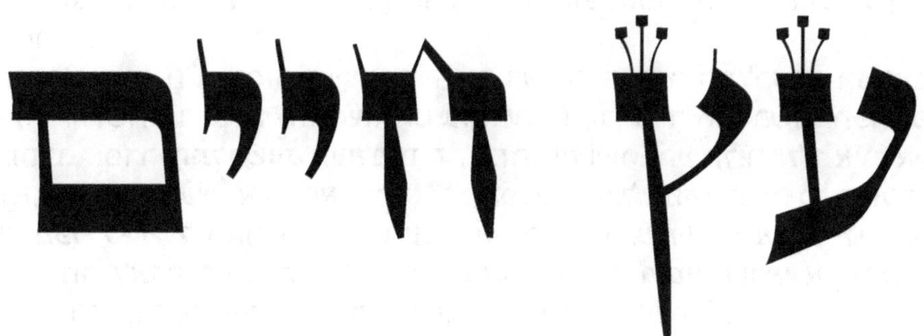

עֵץ חַיִּים

לְרַבֵּינוּ חַיִּים וִיטַאל

שֶׁקִיבֵּל מִמָרן הָאֲרִ"י זלה"ה

שַׁעַר ז'

שַׁעַר מטי ולא מטי

פֶּרֶק ד'

חֵלֶק הַתרשִׁימִים טֶבְלָאוֹת וְצִיוּרִים

שִׂמְחַת חַיִּים

הקדמה קצרה

דע כי כל התרשימים הציורים והטבלאות, הם אך ורק לשכך את האוזן, ולשבר את העין. וכל הציורים הם לא שלמים.

כתב הרי"ח הטוב ברב פעלים ח"ב בסוד ישרים ה' - אך דע לך כי סדר התלבשות המחצבים שכתב מהרח"ו בשערי קדושה עד עולם הזה שאנחנו עומדים בו. וכן סדר התלבשות הפרצופים אשר בכל מחצב ומחצב, וסדר התלבשות העולמות זה בזה, והיושר והעיגולים, לא אית אינש דכיל למנלע רזא דנא, איך היא עשוי, איך הוא עומד, ולא אפשר לשכל אנושי לצייר כל הנזכר על אמתיתם, ועל בורייו מפני כי שכל האנושי בהיותו עצור ומונח בגוף גשמיי, אי אפשר לי להשיג דבר רוחני, והוא זה דומה לאדם סומא מן הבטן שלא ראה מאורות מימיו, דודאי אי אפשר לו לצייר מראות השמש והירח הנראין לעיני הבריות, וכל שכן מה שיש למעלה למעלה.

וכן כתב ברב פעלים ח"א בסוד ישרים א' - סוף דבר הכל נשמע, ה' אחד ושמו אחד, ואין לו גוף ולא דמות הגוף, ואין לו שום ציור, ותמונה ודמיון כלל ועיקר, וגם כל העולמות וספירות הקדושים למעלה אין להם ציור ודמיון של גופים האלה כלל, ואין מי שיוכל לידע איך הוא עמידתם וסדרם, איך עומדים עולמות היושר ועולמות העיגולים, ואיך מתחברים זה עם זה, ואיך נמשך השפע מזה לזה, ואיך הוא תוארם ומראיהם, ואיך הוא מהות השפע המחיה אותם, ומקיים אותם, וכמה הוא שיעור אורכם וגובהן ורחבם, ואיך הם נכללים זה בזה, ומלבישים זה לזה, כי בכל זאת אין שום שכל אנושי יוכל לדעת, ולהבין, ולהשיג, כלל ועיקר.

הרב ז"ל כתב בשער אח"פ תחילת פ"א וז"ל - כבר ידעת כי אין בנו כח לעסוק קודם אצילות עשר ספירות, ולא לדמות שום דמיון וצורה כלל ח"ו, אך לשכך האזן, אנו צריכים לדבר דרך משל ודמיון, לכן אף אם נדבר במציאות ציור שם למעלה, אין הדבר רק לשכך האזן. אמנם דע כי עשר ספירות דאצילות הם שתי ענינים. האחד הוא התפשטות הרוחניות, והשני הוא כלים ואברים אשר העצמות מתפשט בהם. והנה צריך שיהיה לכל זה שורש למעלה לשתי בחינות אלו, ולכן צריכין אנו לדבר בסדר המדרגות מראש עד סוף, והנה נתחיל ונאמר כי הלא הא"ס ב"ה אין בו שום ציור כלל ח"ו כמבואר.

הרב ז"ל כתב בשער טנת"א פ"א - והנה אף על פי שאנו מכנים וקוראים כאן כנויים אלו כגון אדם ראש אזנים וכיוצא אינו רק לשכך האזן לשיובנו הדברים לכן אנו מכנים כנויים אלו במקום גבוה, עד כאן לשונו.

וכן הרמ"ק בפרדס רימונים ש"ו פ"א - וציירו להם המקובלים צורות ביריעות גדולות וקראום אילן. הרב ז"ל כתב בסוף ש"ד פ"ה וז"ל - ואמנם דבר גלוי הוא כי אין למעלה גוף ולא כח גוף חלילה. וכל הדמיונות והציורים אלו לא מפני שהם כך חס ושלום. אמנם לשכך את האוזן לכשיוכל האדם להבין הדברים העליונים הרוחניים בלתי נתפסים ונרשמים בשכל האנושי, לכן ניתן רשות לדבר בבחינת ציורים ודמיונים, כאשר הוא פשוט בכל ספרי הזוהר. וגם בפסוקי התורה עצמה כולם כאחד עונים ואומרים בדבר הזה כמו שאמר הכתוב עיני ה' המה משוטטים בכל הארץ. עיני ה' אל צדיקים. וישמע ה'. וירח ה'. וידבר ה'. וכאלה רבות וגדולה מכולם מה שאמר הכתוב ויברא אלהים את האדם בצלמו בצלם אלהים ברא אותו זכר ונקבה וגו'. ואם התורה עצמה דברה כך גם אנחנו נוכל לדבר כלשון הזה, עם היות שפשוט הוא שאין שם למעלה אלא אורות דקים, בתכלית הרוחניות, בלתי נתפשים שם כלל, וכמו שאמר הכתוב כי לא ראיתם כל תמונה, וכאלה רבות. ואמנם יש עוד דרך אחרת כדי להמשיך ולצייר בה הדברים העליונים, והם בחינת כתיבת צורת אותיות, כי כל אות ואות מורה על אור פרטי עליון, וגם תמונת זו דבר פשוט הוא כי אין למעלה לא אות, ולא נקודה, וגם זה דרך משל וציור לשכך את האוזן כנזכר. ולכן נבאר עתה הקדמה הנזכר על דרך ציור האותיות גם כן ובבחינת ציורים אלו, הן ציור האדם, והן ציור אותיות, שתיהן מוכרחים להבין ענין האורות העליונים, כאשר תראה ספרי הזוהר בנויים על שתי בחינות הציורים האלה, עד כאן לא.

ולכן גם אנחנו הרשינו לעצמינו לצייר ציורים, תרשימים וטבלאות, אך ורק כדי לשכך את האוזן, ולשבר את העין, כדי להבין את הסוגייה.

אח"י

סדר שמות שמות ההיכלות והשﬠרים בﬠץ חיים

שם היכל	שﬠר	שם השﬠר	א	ב	ג	ד	ה	ו	ז	ח	ט	י	יא	יב	יג	יד	טו
אדם קדמון	א	ﬠיגולים ויושר	א	ב	ג	ד	ה										
	ב	השתלשלות י"ס דרך ﬠגו'	א	ב	ג												
	ג	סדר אצילות למהרח"ו	א	ב	ג												
	ד	אח"פ	א	ב	ג	ד	ה										
	ה	טנת"א	א	ב	ג	ד	ה	ו	ז								
	ו	ﬠקודים	א	ב	ג	ד	ה	ו	ז	ח							
	ז	מטי ולא מטי	א	ב	ג	ד	ה										
נקודות	ח	דרושי נקודות	א	ב	ג	ד	ה	ו									
	ט	שבירת הכלים	א	ב	ג	ד	ה	ו	ז	ח							
	י	תיקון	א	ב	ג	ד	ה										
	יא	מלכים	א	ב	ג	ד	ה	ו	ז	ח	ט	י					
הכתרים	יב	ﬠתיק	א	ב	ג	ד	ה										
	יג	א"א	א	ב	ג	ד	ה	ו	ז	ח	ט	י	יא	יב	יג	יד	
או"א	יד	או"א	א	ב	ג	ד	ה	ו	ז	ח	ט	י					
	טו	זווגים	א	ב	ג	ד	ה	ו									
	טז	הולדת או"א וזו"ן	א	ב	ג	ד	ה	ו	ז								
ז"א	יז	ז"א	א	ב	ג	ד											
	יח	רפ"ח נצוצין	א	ב	ג	ד	ה	ו									
	יט	אנ"ך	א	ב	ג	ד	ה	ו	ז	ח	ט	י					
	כ	המוחין	א	ב	ג	ד	ה	ו	ז	ח	ט	י	יא	יב			
	כא	לידת המוחין	א	ב	ג												
	כב	מוחין דקטנות	א	ב	ג												
	כג	מוחין דצלם	א	ב	ג	ד	ה	ו	ז	ח							
	כד	פרקי הצלם	א	ב	ג	ד	ה	ו	ז								
	כה	דרושי הצלם	א	ב	ג	ד	ה	ו	ז	ח							
	כו	צלם	א	ב	ג	ד											
	כז	פרטי ﬠי"מ	א	ב	ג	ד											
	כח	ﬠיבורים	א	ב	ג	ד	ה										
	כט	נסירה	א	ב	ג	ד	ה	ו	ז	ח	ט						
	ל	פרצופים	א	ב	ג	ד	ה	ו	ז								
	לא	פרצופי זו"ן	א	ב	ג	ד	ה										
	לב	הארת המוחין	א	ב	ג	ד	ה	ו	ז	ח	ט						
	לג	אונאה	א	ב	ג	ד	ה										
נוק' דז"א	לד	תיקון הנוקבא	א	ב	ג	ד	ה	ו	ז								
	לה	הירח	א	ב	ג	ד	ה										
	לו	מﬠוט הירח	א	ב	ג	ד											
	לז	יﬠקב ולאה	א	ב	ג	ד	ה										
	לח	לאה ורחל	א	ב	ג	ד	ה	ו	ז	ח	ט						
	לט	מ"ן ומ"ד	א	ב	ג	ד	ה	ו	ז	ח	ט	י	יא	יב	יג	יד	טו
	מ	פנימיות וחצוניות	א	ב	ג	ד	ה	ו	ז	ח	ט	י	יא	יב	יג	יד	טו
	מא	חשמל	א	ב	ג												
אבי"ﬠ	מב-א	דרושי אבי"ﬠ	א	ב	ג	ד	ה	ו	ז	ח	ט	י	יא	יב			
	מב-ב	כללות אבי"ﬠ	א	ב	ג	ד											
	מג	ציור ﬠולמות אבי"ﬠ	א	ב	ג	ד											
	מד	שמות	א	ב	ג	ד	ה	ו									
	מה	מקיפין	א	ב	ג	ד											
	מו	כסא הכבוד	א	ב	ג	ד	ה	ו									
	מז	סדר אבי"ﬠ	א	ב	ג	ד	ה	ו									
	מח	קליפות	א	ב	ג	ד											
	מט	קליפת נוגה	א	ב	ג	ד	ה	ו	ז	ח	ט						
	נ	קיצור אבי"ﬠ	א	ב	ג	ד	ה	ו	ז	ח	ט	י					

<u>טבלת ערכים</u>

עולמות	אדם קדמון	אצילות	בריאה	יצירה	עשיה
פרצופים	ע"י רא"א	אבא	אמא	ז"א	נוקבא
ספירות	כתר	חכמה	בינה	חג"ת נה"י	מלכות
הוי"ה	קוץ של י'	י	ה	ו	ה
אורות	יחידה	חיה	נשמה	רוח	נפש
מילוי	שורש הוי"ה	ע"ב - יוד הי ויו הי	ס"ג - יוד הי ואו הי	מ"ה - יוד הא ואו הא	ב"ן - יוד הה וו הה
טנת"א	שורשים	טעמים	נקודות	תגין	אותיות
נקודות	קמץ	פתח	צרי	סגול, שוה, חולם חיריק, קבוץ, שורוק	אין ניקוד
אדם	גולגולתא	מוח ימין	מוח שמאל	גוף וברית	עטרת היסוד
מל"צ	מ' - מקיף, יחידה	ל' - מקיף, חיה	מוח	לב	כבד
שנגל"ה	שורש	נשמה	גוף	לבוש	היכל
י"ב פרצופים	ער"ן ואו"ן	או"א עלאין	ישסו"ת	זו"ן	יעו"ר
כל צמא	אורות	מוחין	צלמים	לבושים	כלים
אברים	מוח	עצמות	גידין	בשר	עור
חושים	מוח	ראיה	שמיעה	ריח	דיבור
מחצבים	א"ס	ספירות	נשמות	מלאכים	חושך
צלם	מ' מקיף ב'	ל' מקיף א'	צ' מוח	צ' לב	צ' כבד
דחצ"מ	אלוקות	מדבר	חי	צומח	דומם
יסודות	יולי	מים	אש	רוח	עפר
רקיעים	ערבות	ערבות	ערבות	מכון, מעון, זבול שחקים, רקיע	וילון
גלגלים	גלגל השכל	גלגל היומי	מזלות	ככבים	לבנה
היכלות	קודש קודשים	קודש קודשים	קודש קודשים	אהבה, זכות, רצון, נוגה, עצם השמים, לבנת הספיר	לבנת הספיר
מלוי הוי"ה		מו - וד י יו י	לז - וד י או י	יט - וד א או א	כו - וד ה ו ה
אהי"ה		קס"א - אלף הי יוד הי	קס"א - אלף הי יוד הי	קמ"ג - אלף הא יוד הא	קנ"א - אלף הה יוד הה

תרשים ד - א

תרשים ד - ב

תרשים ד - ג

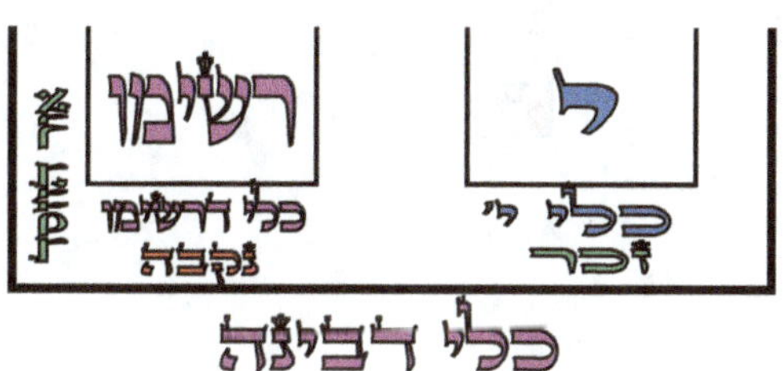

תרשים ד - ד

הוי"ה	פרצופים	ספירות	נרנח"י	
קוץ לי	א"א	כתר	יחידה	זכר
ל	אבא	חכמה	חיה	זכר
ה	אימא	בינה	נשמה	נקבה
ו	ז"א	חג"ת נה"י	רוח	זכר
ה	נוקבא	מלכות	נפש	נקבה

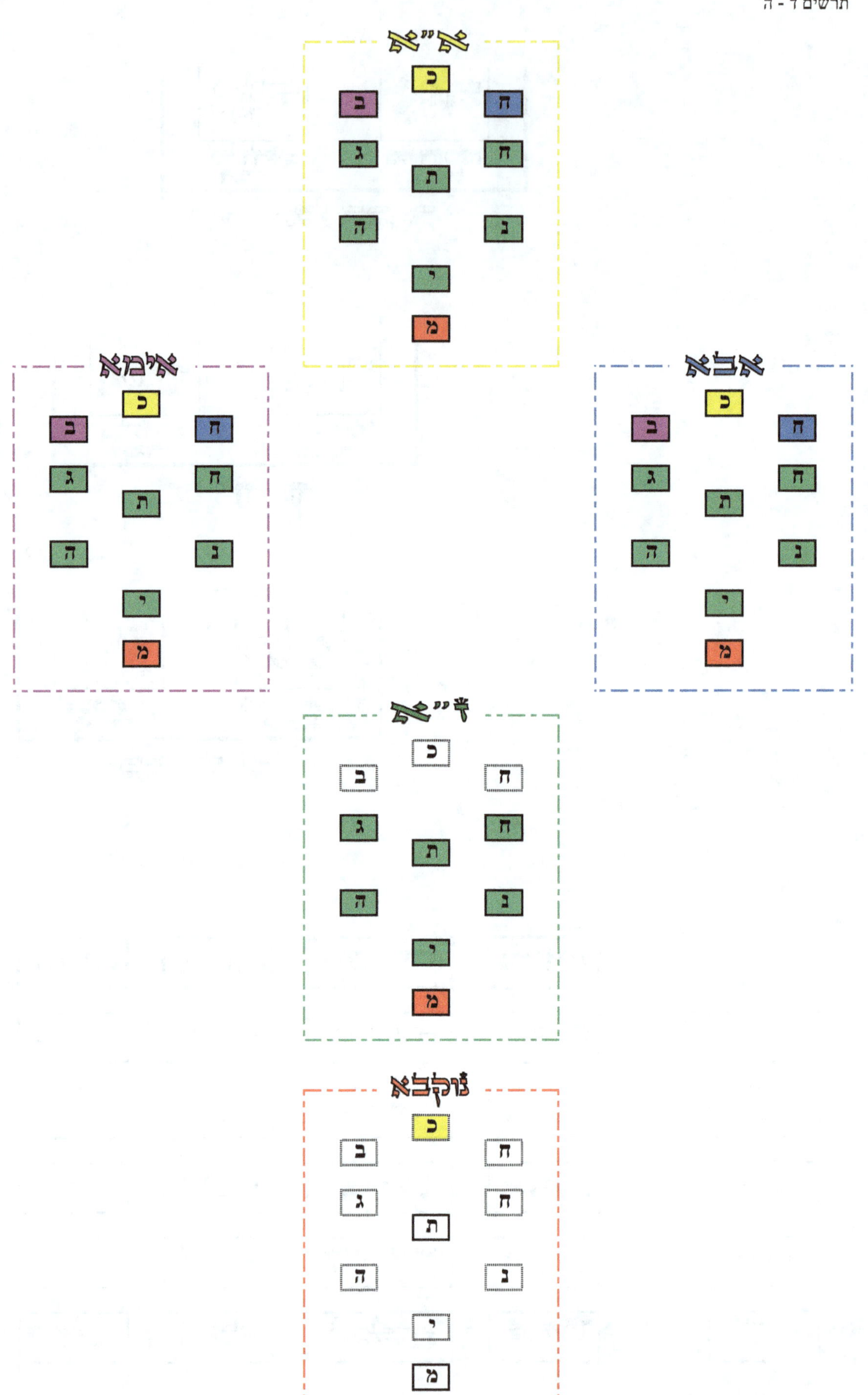
א"א
אימא
אבא
א"ז
נוקבא

תרשים ד - ו

תרשים ד - ז

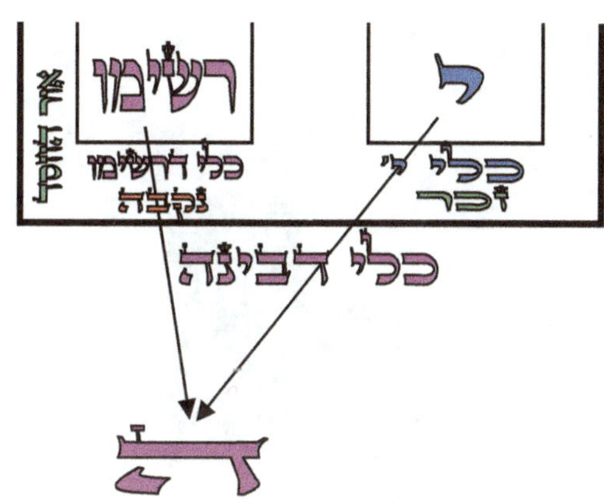

תרשים ד - ח

תרשים ד - ט

תרשים ד - י

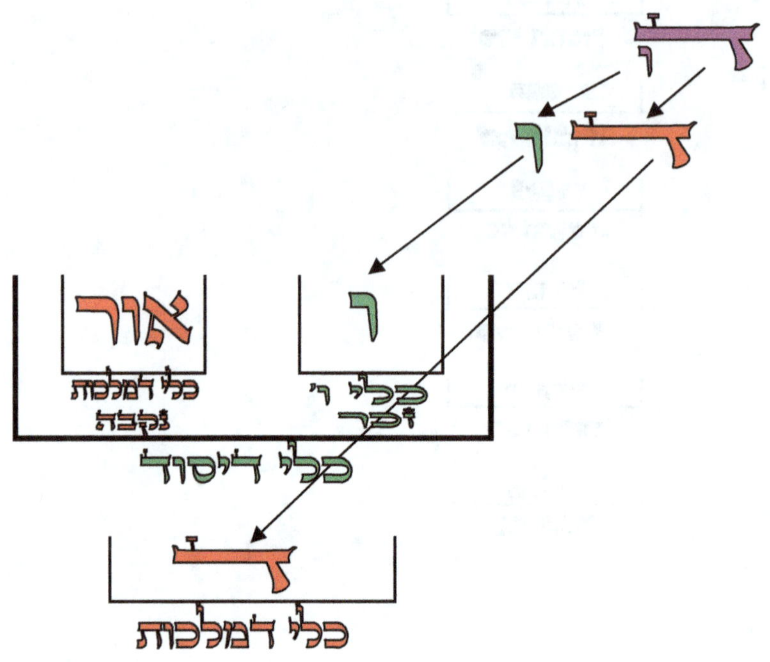

תרשים ד - י"א

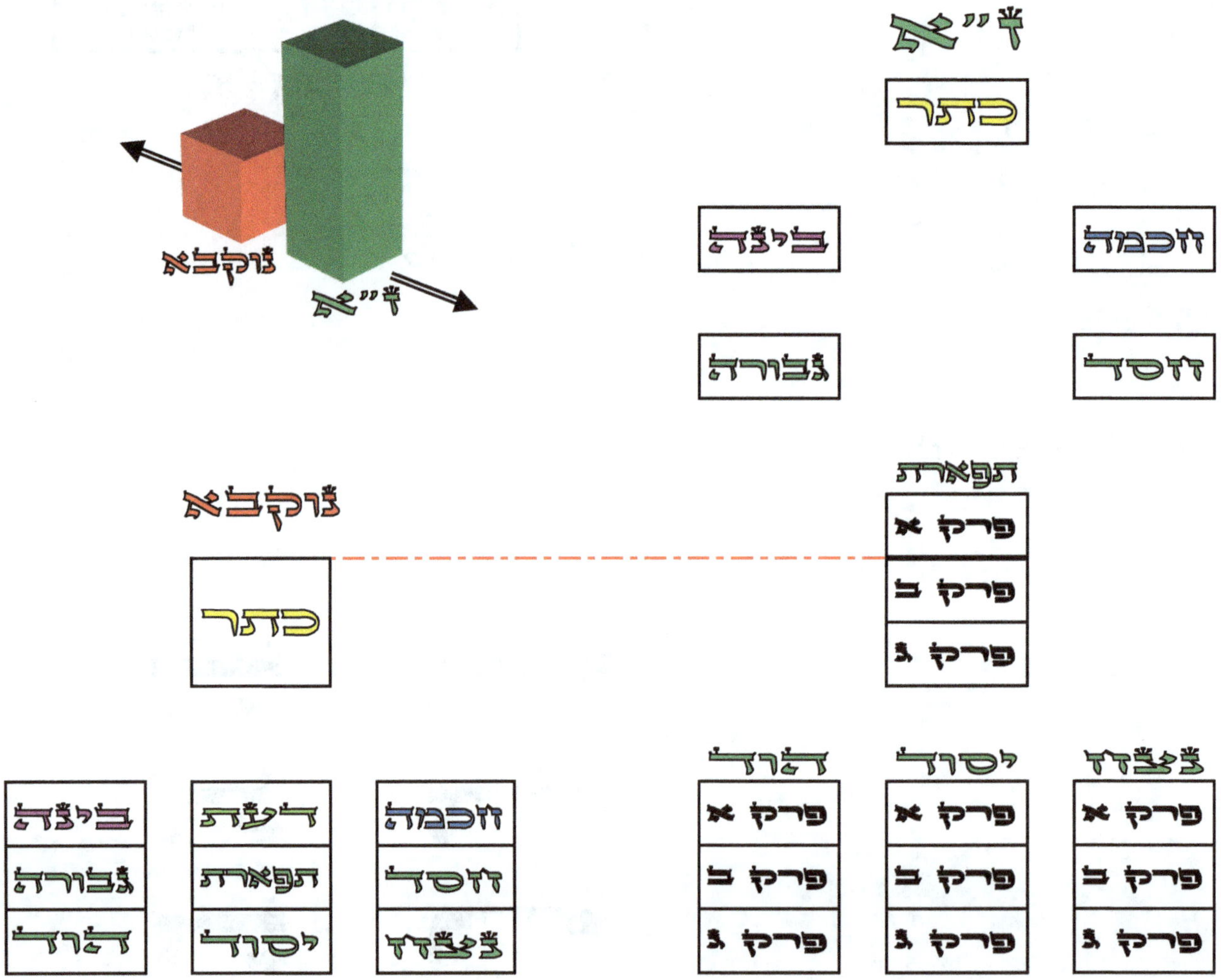

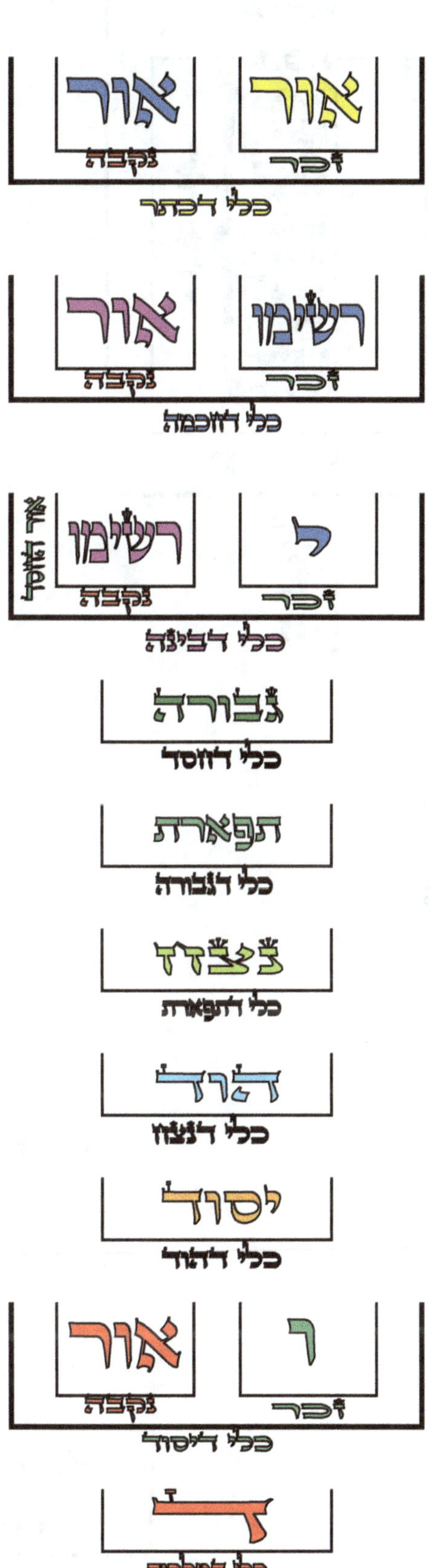
פה דא"ק
אור הכתר

אור
זכר
אור
נקבה
כלי דכתר

רשימו
זכר
אור
נקבה
כלי דחכמה

ל
זכר
רשימו
נקבה
כלי דבינה

גבורה
כלי דחסד

תפארת
כלי דגבורה

נצח
כלי דתפארת

הוד
כלי דנצח

יסוד
כלי דהוד

ר
זכר
אור
נקבה
כלי דיסוד

צ
כלי המלכה

אדם קדמון

תרשים ד - י"ג

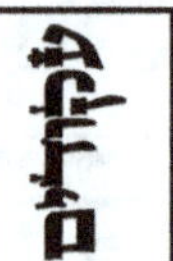

תרשים ד - י"ד

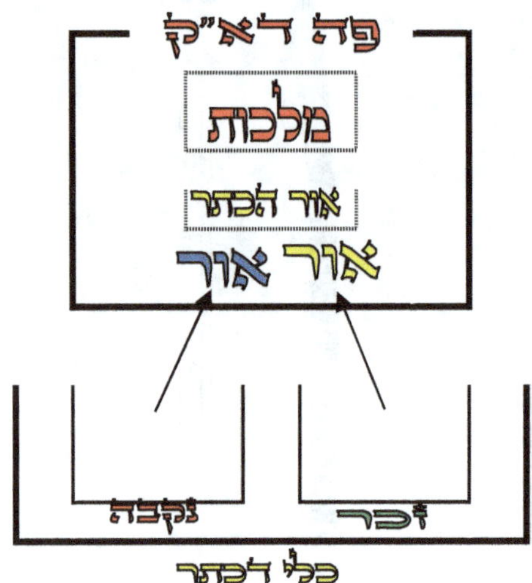

תרשים ד - ט"ו

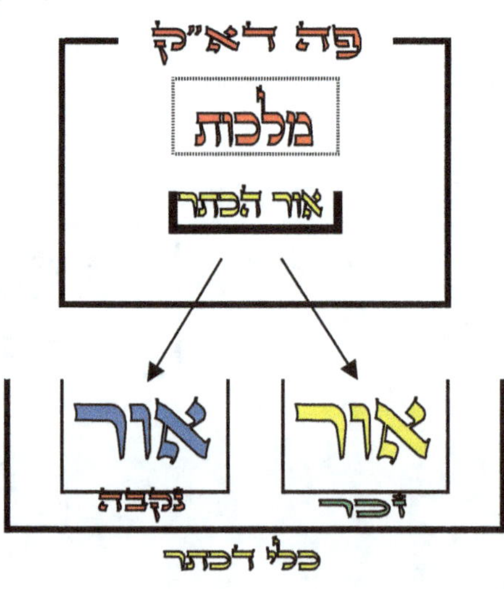

תרשים ד - ט"ז

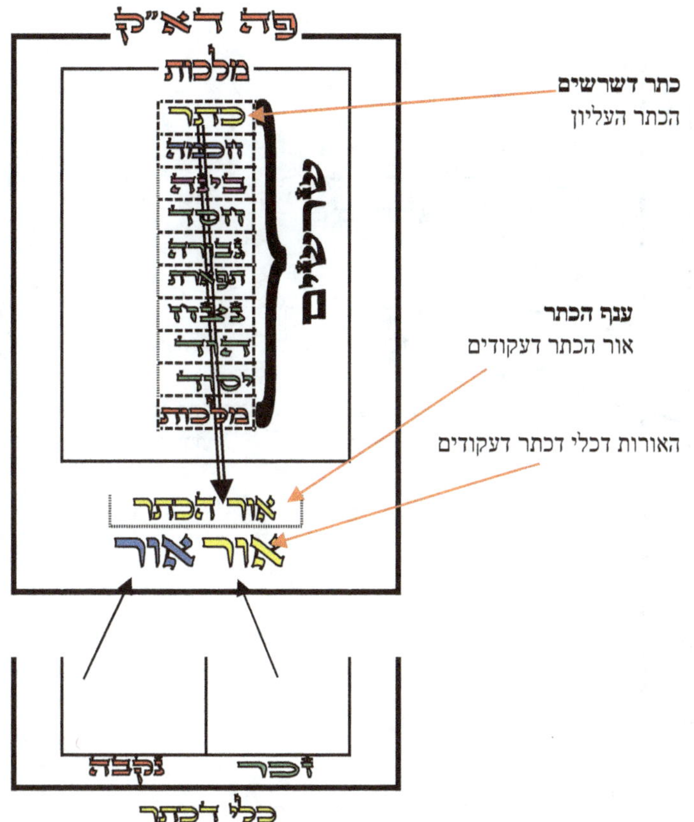

כתר דשרשים
הכתר העליון

ענף הכתר
אור הכתר דעקודים

האורות דכלי דכתר דעקודים

תרשים ד - י"ז

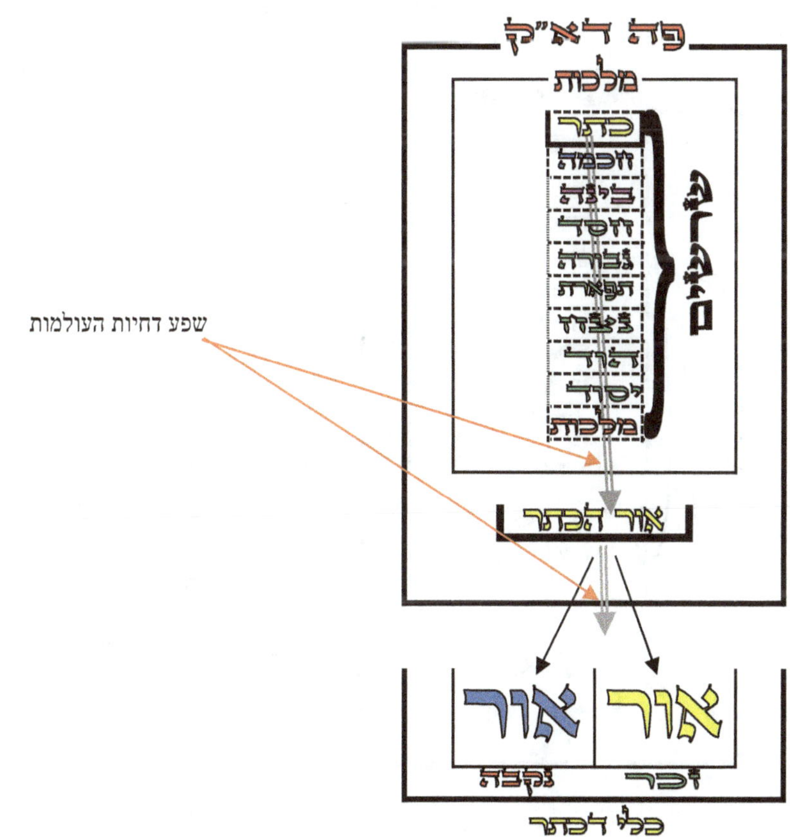

שפע דחיות העולמות

תרשים ד - י"ח

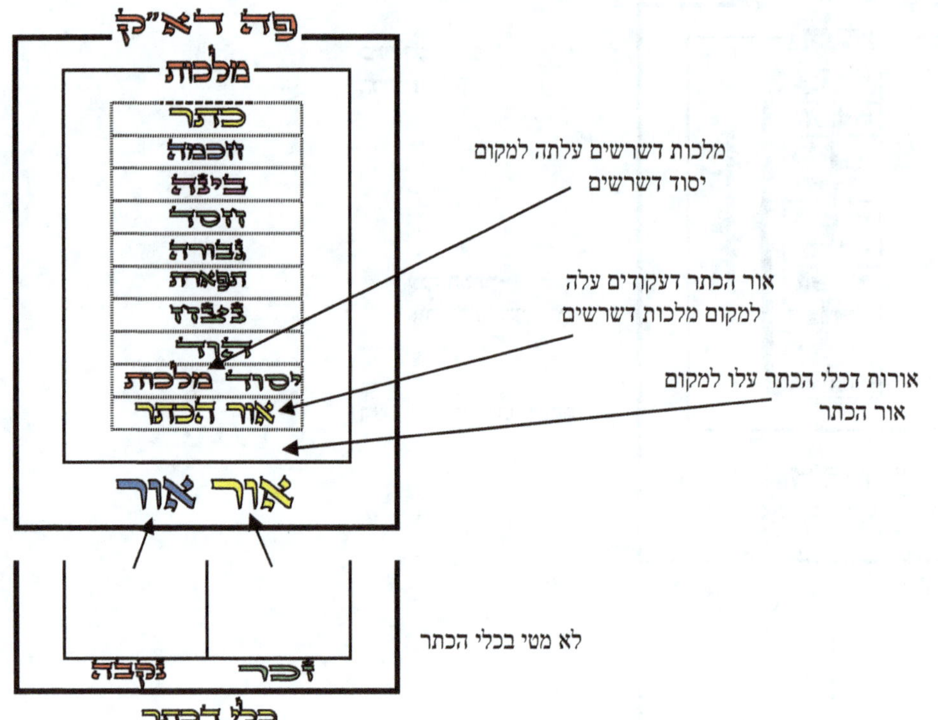

מלכות דשרשים עלתה למקום
יסוד דשרשים

אור הכתר דעקודים עלה
למקום מלכות דשרשים

אורות דכלי הכתר עלו למקום
אור הכתר

לא מטי בכלי הכתר

תרשים ד - י"ט

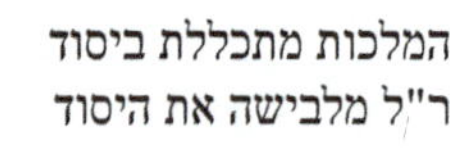

אור היסוד דשרשים

אור המלכות דשרשים

המלכות מתכללת ביסוד
ר"ל מלבישה את היסוד

תרשים ד - כ

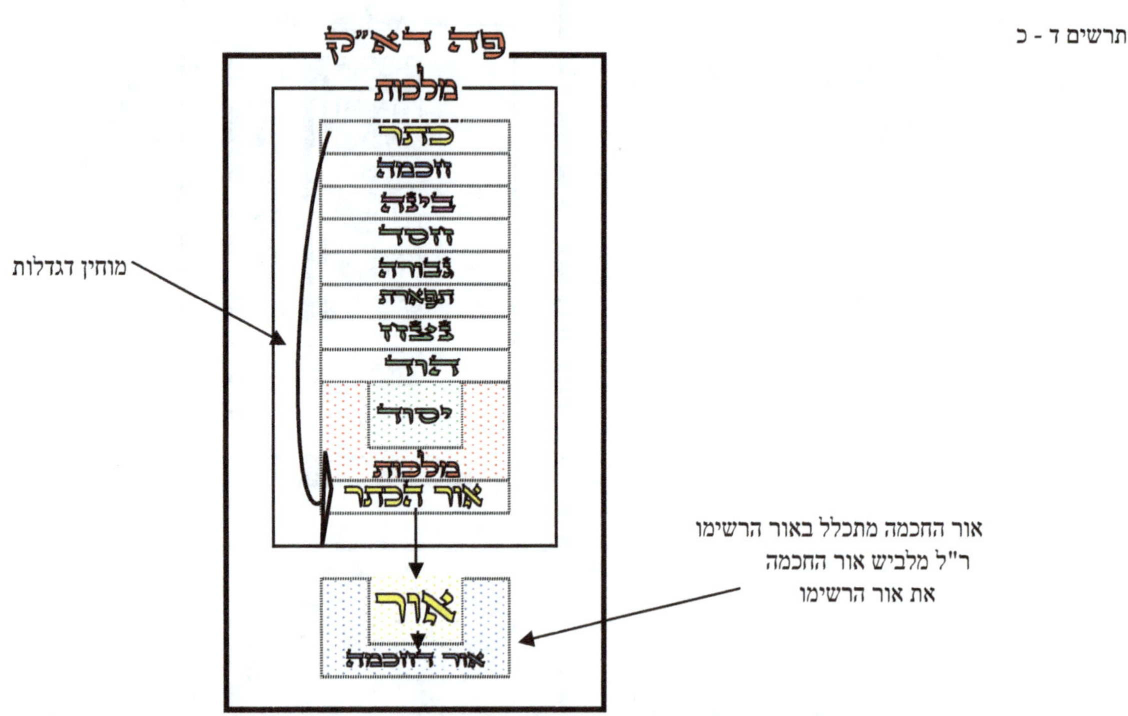

מוחין דגדלות

אור החכמה מתכלל באור הרשימו
ר"ל מלביש אור החכמה
את אור הרשימו

תרשים ד - כ"א

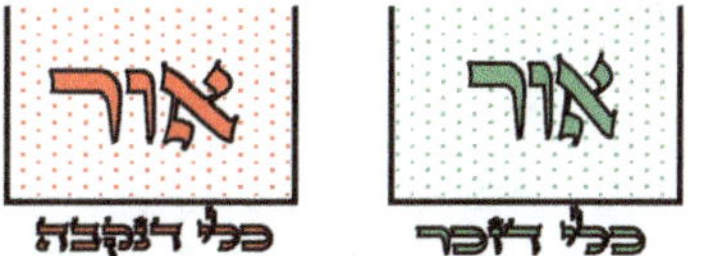

תרשים ד - כ"ב

אור הזכר מתלבש באור הנקבה
בכלי הזכר

תרשים ד - כ"ג

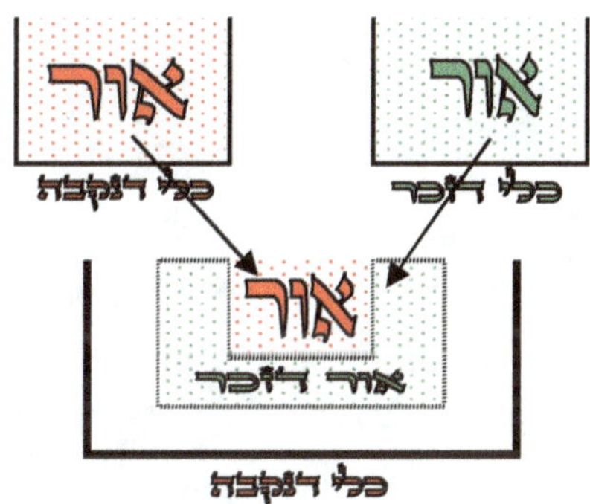

אור הנקבה מתלבש באור הזכר
בכלי הנקבה

תרשים ד - כ"ד

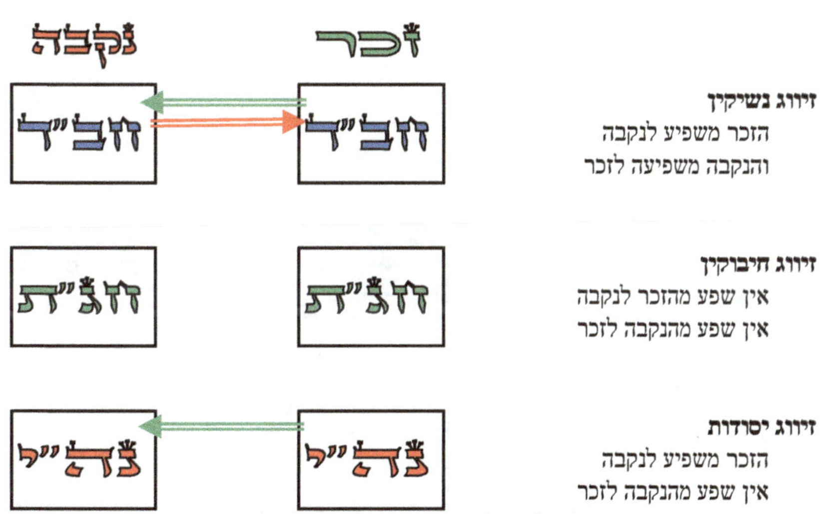

זיווג נשיקין
הזכר משפיע לנקבה
והנקבה משפיעה לזכר

זיווג חיבוקין
אין שפע מהזכר לנקבה
אין שפע מהנקבה לזכר

זיווג יסודות
הזכר משפיע לנקבה
אין שפע מהנקבה לזכר

תרשים ד - כ"ה

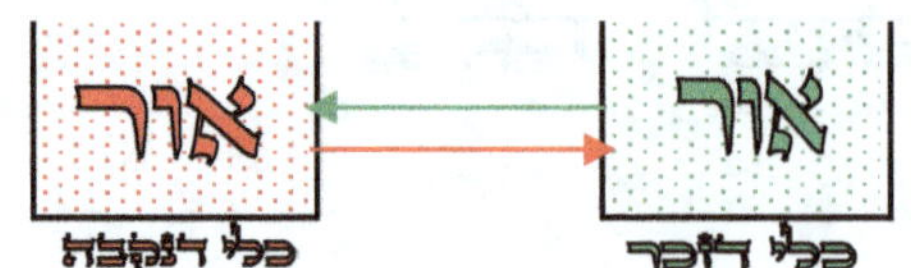

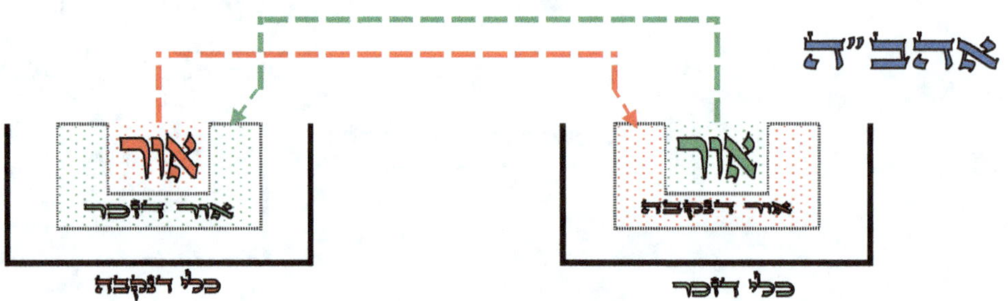

תרשים ד - כ"ו

תרשים ד - כ"ז

אורות דזכר ונקבה
עוזבים את הכלי שלהם

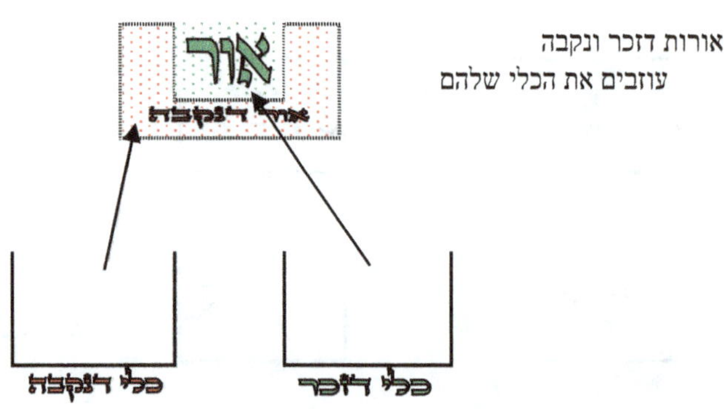

תרשים ד - כ"ח

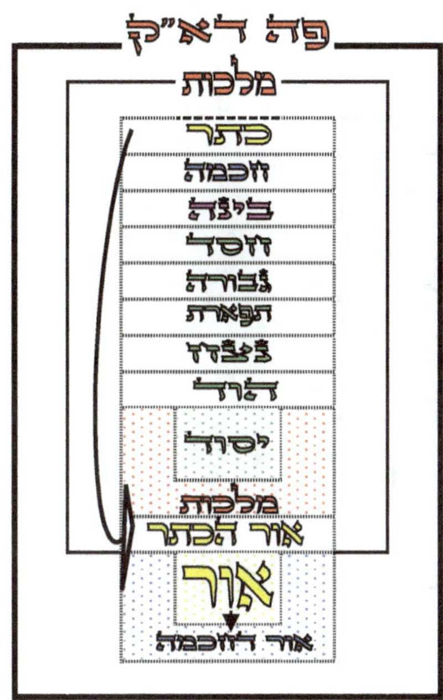

תרשים ד - כ"ט

חכמה דשרשים יורדת למקום בינה דשרשים
בינה דשרשים יורדת למקום חסד דשרשים
חסד דשרשים יורד למקום הגבורה דשרשים
גבורה דשרשים יורדת למקום תפארת דשרשים
תפארת דשרשים יורד למקום נצח דשרשים
נצח דשרשים יורד למקום הוד דשרשים
הוד דשרשים יורד למקום יסוד דשרשים
יסוד דשרשים יורד למקום המלכות דשרשים
ונכלל היסוד במלכות דשרשים
אור הכתר דעקודים יורד תחת המלכות דשרשים
זו"ן דכלי הכתר יורדים מתחת אור הכתר דעקודים
הרשימו דכלי הכתר נכלל באור החכמה
ומתלבש אור החכמה באור הרשימו
ומשפיע אור החכמה לאור הכתר והרשימו
הארת כתר דשרשים ממלא את מקום
החכמה דשרשים

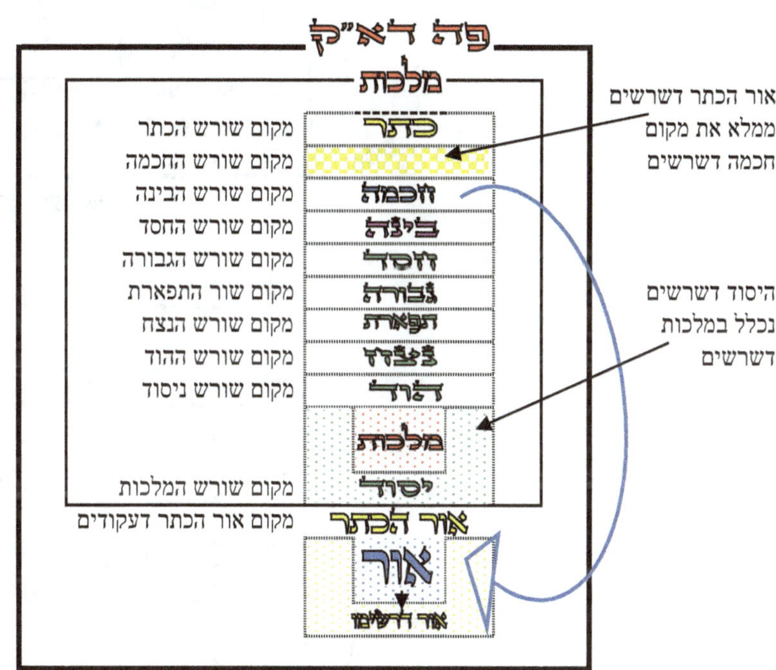

אור הכתר דשרשים
ממלא את מקום
חכמה דשרשים

היסוד דשרשים
נכלל במלכות
דשרשים

תרשים ד - ל

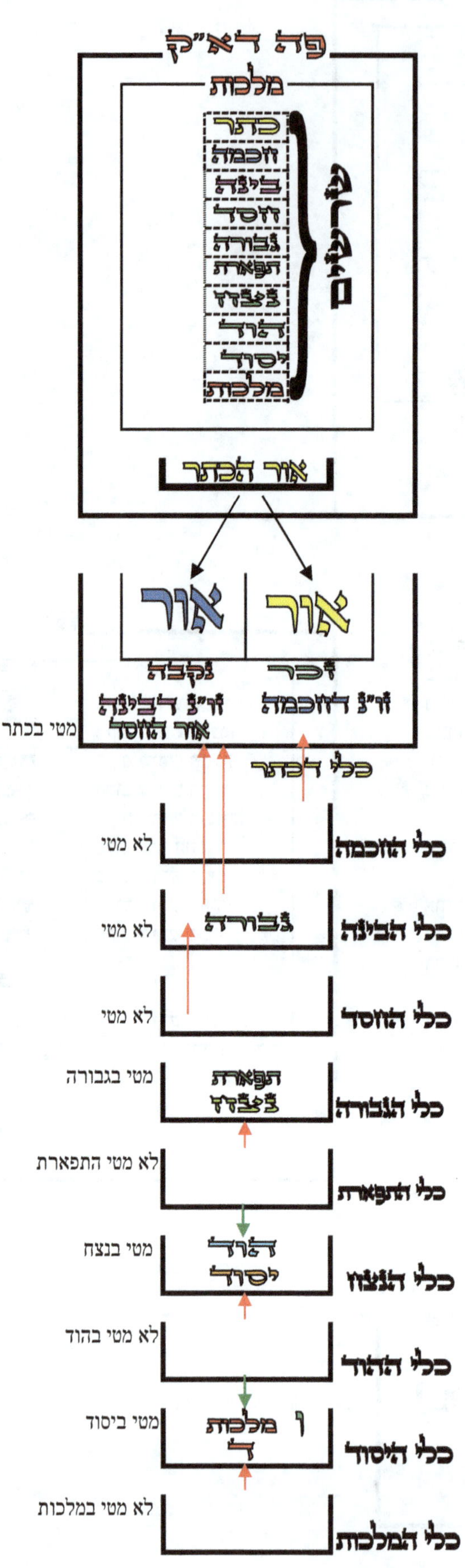
פה דא"ק
מלכות
כתר
חכמה
בינה
חסד
גבורה
תפארת
נצח
הוד
יסוד
מלכות
אור הכתר
אור
אור
מקבלה
ז"כר
או"י דביאה
חו"ג דחכמה
אור החסד
מטי בכתר
כלי דכתר
כלי החכמה
לא מטי
כלי הבינה
לא מטי
גבורה
כלי החסד
לא מטי
תפארת
נצח
כלי הגבורה
מטי בגבורה
כלי התפארת
לא מטי התפארת
הוד
יסוד
כלי הנצח
מטי בנצח
כלי ההוד
לא מטי בהוד
מלכות
כלי היסוד
מטי ביסוד
כלי המלכות
לא מטי במלכות

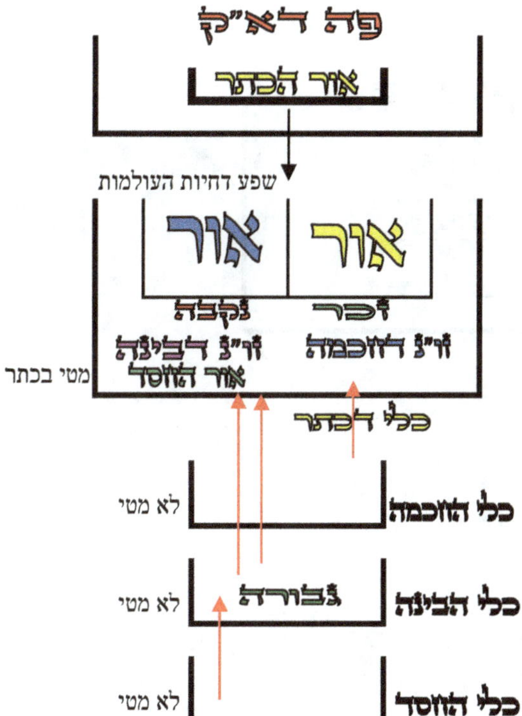

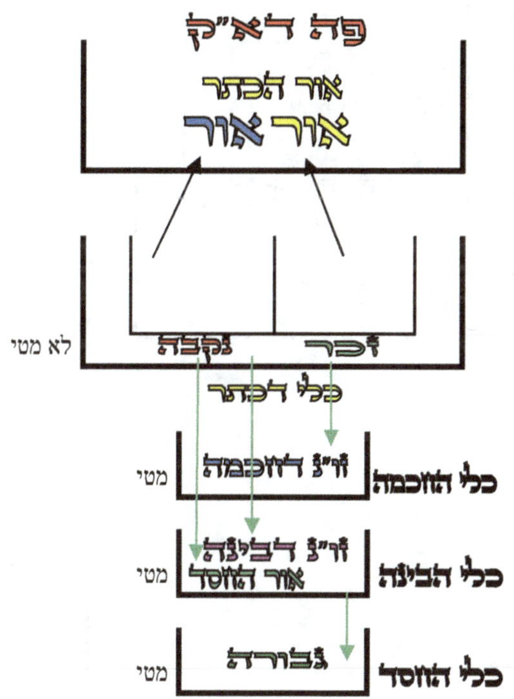

מקום מלכות דשרשים

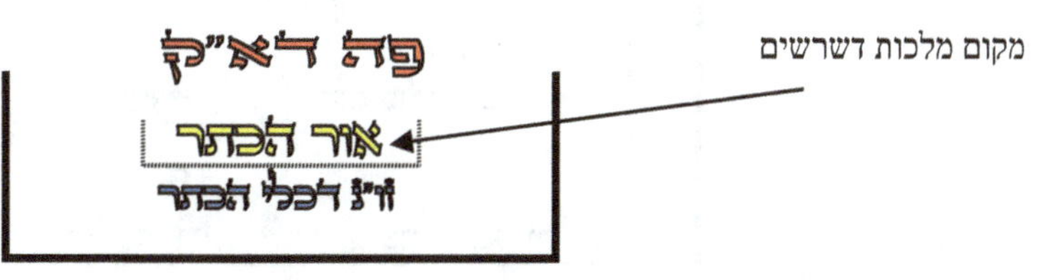

תרשים ד - ל"ה

תרשים ד - ל"ו

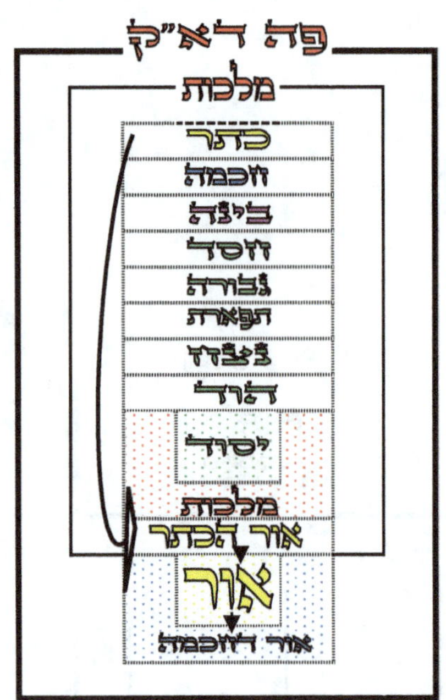

תרשים ד - ל"ז

תרשים ד - ל"ח

תרשים ד - ט"ל

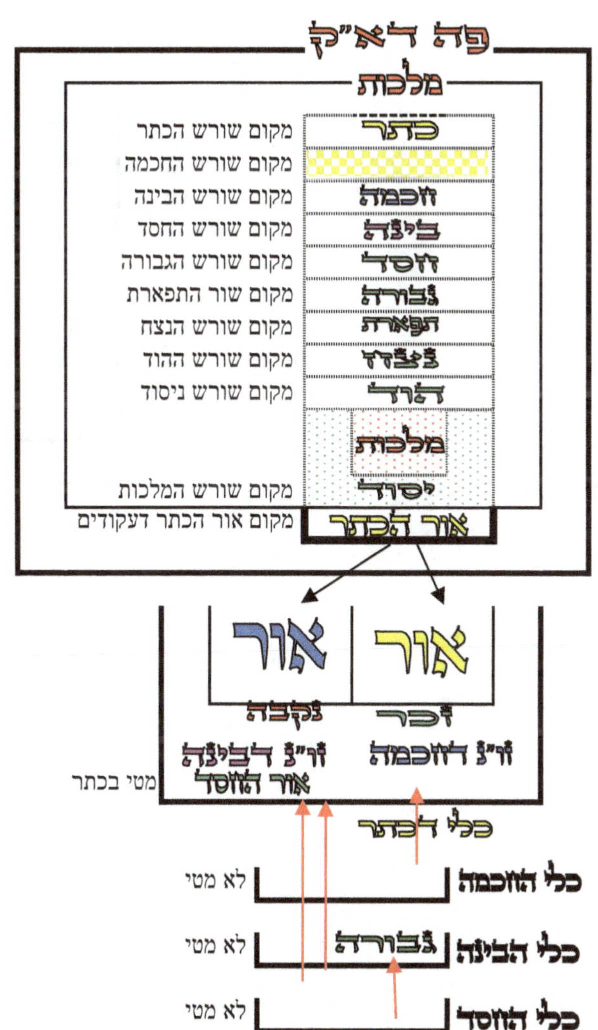

תרשים ד - מ

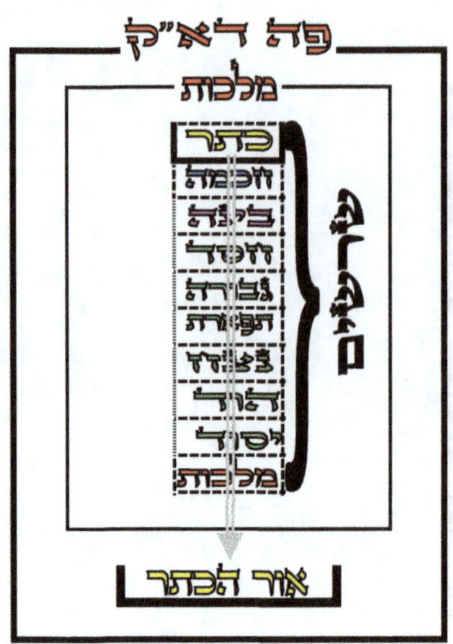

תרשים ד - מ"א

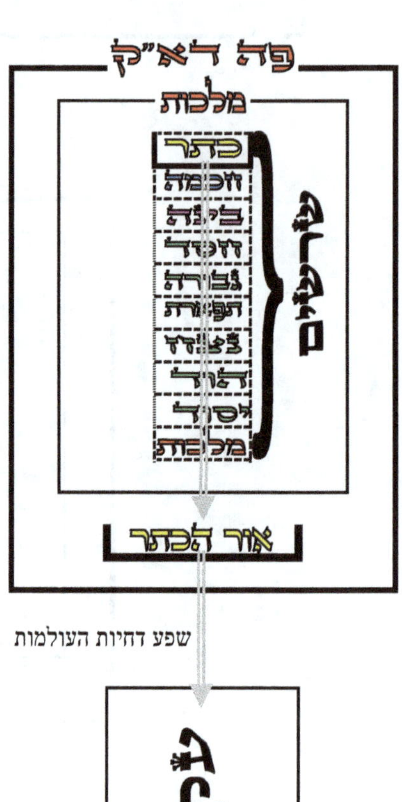

שפע דחיות העולמות